Capacidad es lo que le permite hacer algo.
Motivación es lo que determina lo que usted hace.
Actitud es lo que determina cuán bien lo hace.

LOU HOLTZ
*Entrenador del equipo de fútbol
americano de Notre Dame*

¿QUÉ TAN ALTO QUIERE LLEGAR?

DETERMINE SU ÉXITO CULTIVANDO LA ACTITUD CORRECTA

John C. Maxwell

GRUPO NELSON
Una división de Thomas Nelson Publishers
Desde 1798

NASHVILLE   MÉXICO DF.   RÍO DE JANEIRO

¿Qué tan alto quiere llegar? es un compendio de *Actitud de vencedor*, originalmente
editado en 1997 por Editorial Caribe, derechos renovados 2008 por Grupo Nelson.

Editora en Jefe: *Graciela Lelli*
Traducción: *Guillermo Vásquez*
Adaptación del diseño al español: *Ediciones Noufront / www.produccioneditorial.com*

ISBN: 978-0-52910-935-4

Impreso en Estados Unidos de América
14 15 16 17 18 RRD 9 8 7 6 5 4 3 2 1

Edición revisada por Lidere

www.lidere.org

¿Qué tan alto quiere llegar? se dedica al
doctor Tom Phillippe,
amigo, colaborador en el evangelio
y ejemplo de una buena actitud en la vida.

Contenido

III. CÓMO SE ESTRELLA SU ACTITUD

IV. CAMBIE SU ACTITUD

Reconocimientos

Deseo expresar mi agradecimiento por este libro a mis padres, Melvin y Laura Maxwell, por proveerme una existencia hogareña caracterizada por actitudes saludables hacia la vida. Actitudes positivas captadas más por el ejemplo que por la enseñanza, me rodearon desde el día que nací.

Mi esposa, Margaret, me brindó sabio consejo, y nuestros hijos, Elizabeth y John Porter, me dieron muchas ilustraciones. La familia Maxwell trata de vivir los principios de este libro.

Aprecio la participación de mis colaboradores de la iglesia Skyline Wesleyan en la preparación de este libro. Sus opiniones, preguntas y sugerencias fueron lo más importante en las reuniones del personal de los martes. Bárbara Brumagin, mi asistente administrativa, siguió especialmente de cerca este proyecto.

Gracias a Paul Nanney por su amistad y por las emocionantes experiencias de vuelo que añadieron mucho a este libro.

CONSIDERE SU ACTITUD

1

Es un pájaro...

Es un avión...

¡No! ¡Es una actitud!

E ra un hermoso día en San Diego, y mi amigo Paul
quiso llevarme a volar en su avión. Como era nuevo en
California del Sur decidí ver mi nueva tierra desde una perspectiva distinta. Me senté en el asiento del copiloto mientras
mi amigo terminaba de revisar sus instrumentos. Todo estaba
bien, así que Paul encendió los motores y nos dirigimos hacia
la cabecera de la pista. Cuando el avión se elevaba me di cuenta
que su nariz estaba más alta que el resto del fuselaje. También
me llamó la atención que, aunque el paisaje que teníamos abajo

era esplendoroso, Paul observaba continuamente el tablero de instrumentos.

Como no soy piloto, decidí convertir el vuelo de placer en una experiencia de aprendizaje.

—Todos esos cuadrantes —comencé—, ¿qué te dicen? Veo que observas unos más que otros. ¿Qué es este?

—Ese es el indicador de actitud —respondió.

—¿Cómo puede un avión tener una actitud?

—En vuelo, la actitud de la nave es lo que llamamos la posición del avión en relación con el horizonte.

Como mi curiosidad ya se había despertado, le pedí que me explicara más.

—Cuando el avión asciende —dijo—, tiene una actitud nariz arriba, porque la nariz de la nave señala más arriba del horizonte.

—«Entonces», interrumpí, «cuando el avión desciende, le llamarías a eso, una actitud nariz abajo».

—Eso es correcto —continuó mi instructor—. Los pilotos prestan atención a la actitud del avión porque eso indica su comportamiento.

Lo demostró elevando la nariz del aparato. El avión ascendió con seguridad y la velocidad disminuyó. Cambió su actitud, y eso cambió su comportamiento.

Paul concluyó su lección diciendo:

—Puesto que la actitud del avión determina su comportamiento, los instructores enseñan «actitud de vuelo».

Esa conversación me hizo pensar en las actitudes de la gente. ¿La actitud de un individuo, no norma su comportamiento? ¿No tiene un «indicador de actitud» que continuamente evalúa sus perspectivas y sus logros en la vida? ¿Qué pasa cuando la actitud está produciendo resultados no deseables? ¿Cómo puede cambiarse la actitud? Y, si la actitud cambia, ¿cuáles son las ramificaciones hacia las personas que le rodean?

Mi amigo Paul tenía un manual de instructor sobre «Actitud de vuelo», la relación entre la actitud del avión y su comportamiento. Nosotros, también, tenemos un manual sobre la actitud de vida... la Biblia.

El apóstol Pablo, escribiendo a la iglesia de Filipos, colocó ante esos cristianos un indicador de actitud. «Haya, pues, en vosotros esta misma actitud que hubo también en Cristo Jesús» (Filipenses 2.5, BLA).

Cristo nos da un perfecto ejemplo. Su elevada norma no fue dada para frustrarnos sino para revelarnos áreas en nuestras vidas que necesitan mejoramiento. Cuando estudio Filipenses 2.3–8, traigo a mi mente las actitudes saludables que Jesús poseía.

Era desinteresado. «Nada hagáis por contienda o por vanagloria; antes bien con humildad, estimando cada uno a los demás como superiores a él mismo; no mirando cada uno por lo suyo propio, sino cada cual también por lo de los otros» (Filipenses 2.3–4).

Era seguro. «El cual siendo en forma de Dios, no estimó el ser igual a Dios como cosa a que aferrarse, sino que se despojó a sí mismo, tomando forma de siervo, hecho semejante a los hombres» (Filipenses 2.6–7).

Era sumiso. «Y estando en la condición de hombre, se humilló a sí mismo, haciéndose obediente hasta la muerte y muerte de cruz» (Filipenses 2.8).

Pablo dice que estas cualidades fueron notorias en la vida de Cristo, debido a su actitud (v. 5, BLA). También dice que nosotros podemos tener la misma actitud en nuestras vidas. Para ello tenemos el ejemplo de esa actitud y el estímulo para obtenerla.

En Romanos 12.1, 2, Pablo afirma:

Así que, hermanos, os ruego por las misericordias de Dios, que presentéis vuestros cuerpos en sacrificio vivo, santo, agradable a Dios, *que es* vuestro culto racional. No os conforméis a este siglo, sino transformaos por medio de *la renovación de vuestro entendimiento*, para que comprobéis cuál sea la buena voluntad de Dios, agradable y perfecta. (énfasis del autor)

El resultado de una mente renovada o una actitud cambiada es comprobar y cumplir la voluntad de Dios. Una vez más vemos que la actitud dicta el comportamiento. En una ocasión prediqué un mensaje basado en el Salmo 34, titulado: «Cómo encarar el temor». David estaba solo, temeroso y frustrado en una cueva, rodeado por los enemigos, cuando escribió este mensaje reconfortante. El comienzo del capítulo nos permite entender el porqué del éxito de David, aun cuando estaba rodeado de problemas.

El triple proceso de la alabanza de David

1. La alabanza comienza en la voluntad (v. 1).

   «Bendeciré a Jehová en todo tiempo; su alabanza estará de continuo en mi boca». Su actitud refleja una determinación de regocijarse pese a la situación.

2. La alabanza afecta a la emoción (v. 2).

   «En Jehová se gloriará mi alma». Ahora, David alaba al Señor no solamente porque es lo correcto, sino también porque le gusta.

3. La alabanza se extiende a otros (vv. 2-3).

   «Lo oirán los mansos y se alegrarán. Engrandeced a Jehová conmigo, y exaltemos a una su nombre». David demuestra que el cumplimiento de la alabanza comienza con una actitud de estar determinado a alabar. La conclusión del capítulo registra el triunfo de David: «Jehová redime el alma de sus siervos, y no serán condenados cuantos en Él confían».

La actitud de vivir, al igual que la de volar, dice: «Mi actitud dicta mi comportamiento». Esa expresión cubre demasiadas cosas que no pueden ser tratadas en un solo libro. Necesitaremos examinar:

- ¿Qué es una actitud, y por qué es importante?
- ¿Cuáles son los ingredientes necesarios para una actitud de elevadas realizaciones?
- ¿Qué ocasiona que una actitud se vuelva negativa? ¿Decepcionante?
- ¿Cómo podemos volver una actitud equivocada, que obra en contra nuestra, a nuestro favor?

Conforme avancemos, descubriremos los indicadores de actitud manifestados en las personas descritas en la Biblia, el mejor manual sobre la actitud que tenemos a nuestra disposición desde que Dios mismo nos lo dio. Obviamente, este libro que escribo no tendrá la última palabra sobre un asunto tan importante, pero espero que traiga un poco de luz a los que entienden la importancia de la actitud. Es mi oración que sea de utilidad a los que quieran cambiar.

———— Aplicación de actitud: ————

Tome unos pocos minutos antes de proceder y hágase las siguientes preguntas:

¿He prestado atención a mi actitud últimamente?

¿Cómo considero mi actitud?

Nunca ha sido mejor	☐
Nunca ha sido peor	☐
Nariz arriba	☐
Nariz abajo	☐

¿Cuál es un indicador de actitud (algo que refleje mi perspectiva) en mi vida?

2

La actitud, ¿qué es?

El equipo de básquetbol de la escuela de bachillerato en el que jugaba no estaba logrando una buena temporada, así que un día el entrenador tuvo una de esas reuniones con el equipo en la que todos los jugadores estaban en silencio y escuchando. Él insistía continuamente en la relación que hay entre la actitud del equipo y el registro de victorias y derrotas. Todavía puedo oír sus palabras: «Muchachos, sus capacidades dicen "ganen", pero sus actitudes dicen "pierdan"».

Los padres son convocados a la escuela para hablar acerca de su hijo. ¿El asunto? Timmy, alumno de quinto grado, ha decaído en las calificaciones y está causando serios problemas entre sus compañeros. Las pruebas de actitud demuestran que es intelectualmente capaz, sin embargo fracasa de manera miserable. El maestro opina que tiene una «mala actitud».

El cuerpo pastoral se reúne para tratar el caso de una miembro de la congregación. En la discusión se oye constantemente la frase: «Tiene una actitud "estupenda"».

Difícilmente pasa un día sin que la palabra «actitud» entre en una conversación. Se le menciona como motivo de queja o de cumplido. Podría significar la diferencia entre una promoción o una remoción. Algunas veces la sentimos, otras la vemos. Sin embargo, es difícil explicarla.

La actitud es un sentimiento interior expresado en la conducta. Es por eso que a la actitud se le ve sin decir una sola palabra. ¿No hemos visto la cara hundida del malhumorado, o la mandíbula saliente del decidido? De todas las cosas que usamos, nuestra expresión es la más importante.

La Biblia nos enseña que «Jehová no mira lo que mira el hombre; pues el hombre mira lo que está delante de sus ojos, pero Jehová mira el corazón» (1 Samuel 16.7). «Engañoso es el corazón más que todas las cosas y perverso; ¿quién lo conocerá?» (Jeremías 17.9). Estas declaraciones expresan nuestra incapacidad para saber con seguridad cuáles son las emociones que hay dentro de alguien. Pero pese a que no podemos juzgar a otros por su expresión exterior, muchas veces las manifestaciones exteriores son «una ventana del alma». Una persona que lanza «una mirada que mata», con toda probabilidad no está cantando en su interior «Algo bueno te va a suceder».

Hechos 20 cuenta que Pablo se detuvo en Mileto y llamó a los ancianos de Éfeso. Estos hombres se reunieron y escucharon el discurso de Pablo. El futuro era incierto y su líder les dijo: «Ahora, he aquí, ligado yo en espíritu, voy a Jerusalén, sin saber lo que allá me ha de acontecer; salvo que el Espíritu Santo por todas las ciudades me da testimonio, diciendo que me esperan prisiones y tribulaciones» (vv. 22, 23).

Pablo exhortó a estos líderes de la iglesia para que apreciaran el trabajo que había comenzado. Interiormente fueron movidos a compasión por el hombre que los había discipulado. Su actitud amorosa se manifestó en una muestra visible de afecto: «Cuando hubo dicho estas cosas, se puso de rodillas, y oró con todos ellos. Entonces hubo gran llanto de todos; y echándose al cuello de Pablo le besaban, doliéndose en gran manera por la palabra que dijo, de que no verían más su rostro. Y le acompañaron al barco» (vv. 36–38).

Como la actitud se expresa con frecuencia en nuestro lenguaje corporal y se nota en la expresión de nuestro rostro, puede ser contagiosa. ¿Han notado lo que sucede a un grupo de gente cuando una persona, por su expresión, revela una actitud negativa? O, ¿han notado el estímulo que reciben cuando la expresión facial de un amigo muestra amor y aceptación?

La presencia de David y la música que tocaba alegró a un atormentado rey Saúl. La Biblia nos dice que: «El Espíritu de Jehová se apartó de Saúl, y le atormentaba un espíritu malo de parte de Jehová» (1 Samuel 16.14). Se les dijo a sus siervos que buscaran a alguien que pudiera elevar el espíritu del gobernante. Trajeron a David al palacio y Saúl

> le amó mucho... Y Saúl envió a decir a Isaí: Yo te ruego que esté David conmigo pues ha hallado gracia en mis ojos. Y cuando el espíritu malo de parte de Dios venía sobre Saúl, David tomaba el arpa y tocaba con su mano; y Saúl tenía alivio y estaba mejor, y el espíritu malo se apartaba de él. (vv. 21 -23)

A veces la actitud puede simularse exteriormente, engañando a los demás. Pero por lo general este fingimiento no dura mucho. La actitud siempre trata de aflorar.

Mi padre disfruta contando la historia del niño de cuatro años a quien le dio una rabieta. Después de reprenderle su madre le dijo: «Hijo, ¡ve a esa silla y siéntate, ahora mismo!». El pequeño fue a la silla, se sentó y dijo: «Mamá, por fuera, estoy sentado en la silla; pero por dentro, estoy de pie».

¿Le ha dicho eso a Dios alguna vez? Todos hemos experimentado un conflicto interno parecido al que Pablo expresa en Romanos 7:

> Porque no hago el bien que quiero sino el mal que no quiero, eso hago... pero veo otra ley en mis miembros, que se revela contra la ley de mi mente, y que me lleva cautivo a la ley del pecado que está en mis miembros. ¡Miserable de mí! ¿Quién me librará de este cuerpo de muerte? Gracias doy a Dios, por Jesucristo Señor nuestro. Así que, yo mismo con la mente sirvo a la ley de Dios, mas con la carne a la ley del pecado. (vv. 19, 23–25)

¿Parece familiar? Cuando un cristiano sincero me pide ayuda en su vida espiritual, siempre le hablo de la obediencia. La sencillez de «Para andar con Jesús», ese gran himno de John H. Sammis, señala la importancia de nuestra actitud obediente en nuestro crecimiento espiritual.

> Para andar con Jesús no hay senda mejor
> que guardar sus mandatos de amor;
> obedientes a él siempre habremos de ser
> y tendremos de Cristo el poder.
> Obedecer, y confiar en Jesús
> es la regla marcada
> Para andar en la luz.[1]

Durante un avivamiento en la Iglesia Skyline Wesleyan donde soy pastor principal, mi corazón fue tocado por las palabras de María, la madre de Jesús cuando dijo: «Haced todo lo que os dijere». Hablé a mi congregación sobre este pensamiento de obediencia sacado del relato del milagro de Jesús en las bodas de Caná (Juan 2.1–8).

Lo que Jesús le diga, hágalo, aunque...

1. No esté en el «lugar apropiado» (v. 2).

Estaban en una boda y no en una iglesia cuando Jesús realizó este milagro. Algunas de las más grandes bendiciones de Dios estarán en «otros lugares», si somos obedientes a él.

2. Tenga muchos problemas (v. 3).

Se les había acabado el vino. Muchas veces nuestros problemas nos alejan de Jesús en vez de acercarnos a él. La renovación comienza cuando nos concentramos en el poder de Dios y no en nuestros problemas.

3. No esté animado (v. 4).

Jesús les dijo a los que estaban en la boda: «Aún no ha venido mi hora». En vez de desanimarse por estas palabras María todavía esperaba un milagro.

4. No haya caminado mucho con él (v. 5).

Los criados que obedecieron a Jesús apenas le conocían, y los discípulos recién habían comenzado a seguirle. Pero se esperaba que obedecieran.

5. No le haya visto hacer milagros en su vida.

Este fue el primer milagro de nuestro Señor. En esta ocasión, las personas tuvieron que obedecerle sin haber tenido ningún antecedente de milagros realizados por él.

6. No entienda todo el proceso.

De esta historia bíblica podemos sacar una lección de obediencia: escuchar las palabras de Jesús y hacer su voluntad. La obediencia interior nos brinda crecimiento exterior.

El psicólogo y filósofo James Allen, dice: «Usted no puede viajar interiormente y permanecer quieta exteriormente». Pronto, lo que sucede dentro de nosotros afectará a lo que sucede afuera. Una actitud dura es una enfermedad terrible. Produce una mente cerrada y un futuro oscuro. Cuando la actitud es positiva y conduce al crecimiento, la mente se expande y comienza el progreso.

¿Qué es una actitud?

Es la «promotora» de nuestro verdadero yo.

Sus raíces son internas pero su fruto es externo.

Es nuestra mejor amiga o nuestra peor enemiga.

Es más honesta y más consecuente que nuestras palabras.

Es una apariencia exterior basada en nuestras experiencias pasadas.

Es algo que atrae o repele a la gente de nosotros.

No está satisfecha hasta que no se expresa.

Es la bibliotecaria de nuestro pasado.

Es la oradora de nuestro presente.

Es la profetiza de nuestro futuro.

——— Aplicación de actitud: ———

Seleccione un amigo y evalúe su actitud. A continuación escriba varias palabras que lo describan. ¿Cuál es el indicador del comportamiento resultante de esa actitud? Ahora, haga lo mismo con usted.

3

La actitud, ¿por qué es
importante?

Vivimos en un mundo de palabras. Adheridos a esas palabras están los significados que llevan respuestas variadas de nosotros. Palabras tales como *felicidad, aceptación, paz* y *éxito,* describen lo que cada uno de nosotros desea. Pero hay una palabra que, o aumentará la posibilidad de que nuestros deseos se cumplan o impedirán que ellos se conviertan en una realidad dentro de nosotros.

Durante una conferencia en Carolina del Sur, hice el siguiente experimento. Para revelar el significado de esta palabra, leí el párrafo anterior y pregunté: «¿Qué palabra describe lo que determinará nuestra felicidad, aceptación, paz y éxito?». La audiencia expresó términos tales como trabajo, educación, dinero, tiempo. Por fin alguien dijo: *actitud.* Un área tan importante en nuestras vidas les pareció secundaria. Nuestra actitud es la fuerza principal que determinará si triunfamos o fracasamos.

Para algunos, la actitud es una dificultad para todo; para otros, es una oportunidad en todas las dificultades. Algunos ascienden con una actitud positiva, mientras otros caen con una perspectiva negativa. El mismo hecho que la actitud obra favorablemente en algunos, mientras desbarata a otros, es lo suficientemente significativo como para que exploremos su importancia. Estudiar las afirmaciones que tenemos a continuación nos aclarará esta verdad.

AXIOMA DE ACTITUD #1:
NUESTRA ACTITUD DETERMINA NUESTRO ENFOQUE DE LA VIDA

La historia de dos baldes subraya esta verdad. Uno era optimista y el otro era pesimista.

«No hay una vida tan decepcionante como la mía», dijo el balde vacío mientras se aproximaba al pozo. «Nunca me alejo del pozo lleno sino que regreso de nuevo a él vacío».

«Nunca ha habido una vida tan feliz como la mía», dijo el balde lleno cuando se alejaba del pozo. «Nunca vengo al pozo vacío sino que me alejo de él lleno de nuevo».

Nuestra actitud nos dice lo que esperamos de la vida. Si nuestra «nariz» apunta hacia arriba, estamos ascendiendo; si apunta hacia abajo podemos estrellarnos.

Una buena manera para probar nuestra actitud es respondiendo a la pregunta: «¿Siento que el mundo me trata bien?». Si su actitud hacia el mundo es excelente, usted recibirá resultados excelentes. Si su actitud hacia el mundo es regular, la respuesta del mundo será regular. Si se siente mal con el mundo, le parecerá que recibe una reacción negativa de la vida. Mire a su alrededor. Analice la conversación de la gente que vive infeliz y sin realización.

Les oirá protestar contra una sociedad que, según ellos, solamente les da una vida de problemas, miseria y mala suerte. Muchas veces han construido la cárcel del descontento con sus propias manos.

Al mundo no le importa si nos libramos o no de la prisión. Él sigue su marcha. Adoptar una actitud buena y saludable hacia la vida no afecta tanto a la sociedad como nos afecta a nosotros. El cambio no viene de otros, viene de nosotros.

El apóstol Pablo tenía un terrible pasado que superar. Le dijo a Timoteo que era el primero de los pecadores (1 Timoteo 1.15). Pero luego de su conversión sintió un gran deseo de conocer a Cristo de una manera mayor. ¿Cómo cumplió este deseo? No esperando que alguien le ayudara, ni mirando hacia atrás y lamentándose por su terrible pasado. Pablo, diligentemente, prosiguió «asido por Cristo Jesús» (Filipenses 3.12). La singularidad de su propósito le hizo declarar: «Pero una cosa hago: olvidando ciertamente lo que queda atrás, y extendiéndome a lo que está adelante, prosigo a la meta, al premio del supremo llamamiento de Dios en Cristo Jesús» (Filipenses 3.13, 14).

Somos individualmente responsables por la visión que tengamos de la vida. La Biblia dice: «Todo lo que el hombre sembrare, eso también segará» (Gálatas 6.7). Nuestra actitud y nuestra acción hacia la vida determinan lo que nos sucede.

Es imposible hacer todas las situaciones a la medida para que se ajusten a nuestras vidas perfectamente. Pero es posible hacer nuestras actitudes a la medida para que se ajusten a las situaciones perfectamente. El apóstol Pablo demostró hermosamente esta verdad cuando estaba prisionero en Roma. La verdad es que no había recibido un simple sacudón. El lugar de su confinamiento era frío y obscuro. Sin embargo, escribe a la iglesia de Filipos diciéndoles radiante de gozo: «Regocijaos en el Señor *siempre*. Otra vez digo: ¡Regocijaos!» (Filipenses 4.4, énfasis del autor). ¿Pablo estaba perdiendo la razón? No. Encontramos el secreto más adelante en el mismo capítulo. Pablo dice:

No lo digo porque tenga escasez, pues he *aprendido* a contentarme, cualquiera que sea mi situación. Sé vivir humildemente, y sé tener abundancia; en todo y por todo estoy *enseñado*, así para estar saciado como para tener hambre, así para tener abundancia como para padecer necesidad. (vv. 11, 12, énfasis del autor)

La habilidad de hacer su actitud a la medida de su situación en la vida fue una conducta que él aprendió. No le vino automáticamente. Aprendió la conducta, y la apreciación positiva de las cosas vino como algo natural. Pablo nos enseña repetidamente con su vida que el hombre ayuda a crear su medio ambiente, mental, emocional, físico y espiritual, por la actitud que tiene.

—— Aplicación de la actitud: ——

Haga un círculo en el número que designe la actitud que más se acerca a la suya:

1. «Hago que el mundo siga su marcha».
2. «Sigue lloviendo sobre mí».
3. «Lo hice a mi manera».
4. «Oh, ¡Qué hermosa mañana!».

Axioma de actitud #2:
Nuestra actitud determina nuestra relación con la gente

La Regla de Oro dice: «Así que, todas las cosas que queráis que los hombres hagan con vosotros, así también haced vosotros con ellos; porque esto es la ley y los profetas» (Mateo 7.12).

Este axioma alcanza su mayor significado cuando, como cristianos, nos damos cuenta que el ministerio efectivo a los demás se basa en la relación.

El modelo de ministerio se capta mejor en Juan 13. Cristo y sus discípulos están reunidos en el aposento alto.

Los componentes del ministerio modelo de Cristo son:

1. hombres con quienes había compartido en todas las áreas de la vida,
2. una actitud y una demostración de servicio y
3. un mandamiento de amor que lo abarca todo («Por esto todos los hombres conocerán que sois mis discípulos» [Juan 13.35]).

Un ministerio efectivo de relación con los demás debe incluir estos tres componentes bíblicos. Ninguna metodología sola (predicación, consejería, visitación) ministrará efectivamente a todas las necesidades, todo el tiempo. Se necesita una sabia combinación de muchos métodos para llenar las necesidades de la gente. Y el puente entre el remedio del evangelio y las necesidades de las personas es el liderazgo basado en la relación.

Juan 10.3–5 nos da una muestra de este liderazgo de relación:

1. Relación hasta el punto del *reconocimiento* instantáneo (él llama a sus ovejas por su nombre);
2. Relación establecida sobre la base de la *confianza* (sus ovejas oyen su voz y vienen a él);
3. Liderazgo demostrado con el *ejemplo* (él va adelante y ellas lo siguen).

Sin embargo, establecer tal relación es difícil. La gente es chistosa: quieren un lugar en la parte delantera del autobús, en la parte trasera de la iglesia y en medio de la carretera. Dígale a un hombre que hay 300 mil millones de estrellas y le creerá, pero dígale al mismo hombre que una banca está recién pintada, y tiene que tocarla para asegurarse.

El Stanford Research Institute (www.sri.com) dice que el dinero que usted gana en cualquier empresa está determinado únicamente por el doce y medio por ciento del conocimiento y el ochenta y siente y medio por ciento de su habilidad para tratar con la gente. Por eso Teddy Roosevelt dijo: «El ingrediente más importante en la fórmula del éxito es saber cómo trabajar con la gente».

Cuando la actitud que poseamos coloque a los otros primero y veamos a las personas como algo importante, entonces nuestra perspectiva reflejará su punto de vista, no el nuestro. Hasta que no nos pongamos en el lugar de la otra persona y veamos la vida a través de otros ojos, seremos como el hombre que saltó enojado de su automóvil después de un choque con otro. «¿Por qué ustedes las personas no miran por donde manejan?», vociferó. «¡El suyo es el cuarto auto que he chocado este día!».

Hace unos años manejaba por el sur y me detuve en una estación de servicio para poner gasolina. Era un día lluvioso, pero los empleados de la gasolinera trataban de atender a los clientes con eficiencia. Me impresionó este tratamiento de primera clase y entendí la razón cuando leí el rótulo en la puerta principal:

Por qué se pierden clientes

    1% Se mueren
    3% Se mudan
    5% Consiguen otros amigos
    9% Por razones competitivas (precio)
    14% No están satisfechos con el producto
    PERO...
    68% ¡Por la actitud de indiferencia de algunos empleados!

En otras palabras, el sesenta y ocho por ciento se va porque los empleados no tienen una mentalidad orientada al cliente.

Por lo general, la persona que surge dentro de una organización tiene una buena actitud. Las promociones no le dan al individuo una actitud destacada, sino una actitud destacada resulta en promociones. Telemetrics International hizo un estudio sobre esos «tipos simpáticos» que han subido mucho por la escalera de la corporación. Estudiaron a 16,000 ejecutivos. Observaron la diferencia entre ejecutivos definidos como «grandes realizadores» (los que tienen una actitud saludable) y «pobres realizadores» (los que no tienen una actitud saludable):

Los grandes realizadores se preocupaban tanto de la gente como de las utilidades; los pobres realizadores se preocupaban de su propia seguridad.

Los grandes realizadores miraban a sus subordinados con optimismo; los pobres realizadores mostraban desconfianza en la capacidad de los subordinados.

Los grandes realizadores buscaban consejo de sus subordinados; los pobres realizadores no lo hacían.

Los grandes realizadores eran buenos oyentes; los pobres realizadores evitaban la comunicación y dependían de los manuales de política empresarial.

———— Aplicación de actitud: ————

Tarea: durante una semana trate a toda persona que conozca, sin excepción, como la más importante sobre la tierra. Descubrirá que ella le trata a usted de la misma manera.

AXIOMA DE ACTITUD #3:
CASI SIEMPRE NUESTRA ACTITUD ES LA ÚNICA DIFERENCIA QUE HAY ENTRE EL ÉXITO Y EL FRACASO

Los más grandes logros de la historia han sido alcanzados por hombres que apenas superaron en excelencia a los demás en sus respectivos campos. Esto es lo que se llama el principio del margen pequeño. Muchas veces esa ligera diferencia es la actitud.

Un profesor del Princeton Seminary descubrió que el espíritu de optimismo en realidad es muy importante. Hizo un estudio de los grandes predicadores de los siglos pasados. Puso atención en las grandes variedades de personalidades y talentos. Entonces hizo la pregunta: «¿Qué tenían en común estos destacados hombres de púlpito, aparte de su fe?». Después de varios años de investigación encontró la respuesta. Era su encanto personal. En la mayoría de los casos, eran hombres felices.

——— Aplicación de actitud: ———

Hay muy poca diferencia entre las personas, pero esa pequeña diferencia produce una gran diferencia. Esa diferencia es la actitud. Piense en algo que desee. ¿Qué actitud necesitará para lograrlo?

AXIOMA DE ACTITUD #4:
LA ACTITUD QUE TENGAMOS AL COMENZAR UNA TAREA AFECTARÁ SU RESULTADO MÁS QUE CUALQUIER OTRA COSA

Los entrenadores saben lo importante que es que sus equipos tengan la actitud correcta antes de enfrentarse con un recio oponente. Los cirujanos quieren que sus pacientes estén mentalmente preparados antes de una operación. Los que buscan empleo saben que sus posibles empleadores quieren algo más que habilidades cuando llenan una solicitud de trabajo. ¿Por qué? Porque la actitud correcta al principio asegura el éxito al final. Usted estará familiarizado con el dicho: «Todo lo que está bien termina bien». Pero también es cierto: «Todo lo que está bien comienza bien».

Uno de los principios clave que enseño cuando doy conferencias sobre evangelismo, es la importancia de nuestra actitud al testificar ante otros. La mayoría de las veces, es la manera en que presentamos el evangelio, más que el evangelio mismo, lo que ofende a las personas. Dos individuos pueden hablar del mismo tema con la misma persona y obtener diferentes resultados. ¿Por qué? Casi siempre, la diferencia está en la actitud de la persona que habla. El testigo diligente se dice a sí mismo: «La gente está hambrienta del evangelio y deseosa de un cambio positivo en su vidas». El testigo renuente se dice a sí mismo: «La gente no está interesada en las cosas espirituales y no quiere ser molestada». Esas dos actitudes no solamente determinarán el número de intentos hechos para testificar (¿puede adivinar cuál de ellos testificará más?), sino que también determinará los resultados si los dos comparten la misma fe.

La mayoría de los proyectos fracasan o triunfan antes de comenzar.

Un joven alpinista y un experimentado guía ascendían un alto pico en las Sierras. Una mañana muy temprano, el joven fue despertado violentamente por el ruido de algo que se rompía.

Pensó que era el fin del mundo. El guía le dijo: «No es el fin del mundo, solamente el comienzo de un nuevo día». Al salir el sol sus rayos caían sobre el hielo y lo derretían.

Muchas veces somos culpables de contemplar los retos de nuestro futuro como el ocaso de la vida antes que como el amanecer de una brillante nueva oportunidad.

—— Aplicación de actitud ——

¿Por qué no escribir a continuación un proyecto que haya descuidado debido a una actitud poco saludable hacia él? Lea el axioma número 4 una y otra vez, luego enumere los beneficios positivos que se recibirán por la realización de su

proyecto. Recuerde: «Todo lo que está bien comienza bien».
¡Suba el nivel de su actitud!

AXIOMA DE ACTITUD #5:
NUESTRA ACTITUD PUEDE CONVERTIR
NUESTROS PROBLEMAS EN BENDICIONES

En *Awake My Heart* [Despierta, corazón mío], mi amigo J.
Sidlow Baxter escribe: «¿Cuál es la diferencia entre un obstáculo
y una oportunidad? Nuestra actitud hacia él. Toda oportunidad
tiene una dificultad y toda dificultad tiene una oportunidad».[1]

Al enfrentar una situación difícil, una persona con una actitud destacada hace lo mejor que puede con ella, aunque obtenga
lo peor de ella. La vida puede ser semejante a una piedra de
afilar. Si acaba con usted o le pule depende del material con que
usted está hecho.

Pocas personas conocían a Abraham Lincoln hasta que
el terrible peso de la guerra civil mostró su carácter. *Robinson
Crusoe* fue escrito en la cárcel. John Bunyan escribió *El progreso
del peregrino* en la cárcel de Bedford. Sir Walter Raleigh escribió *The History of the World* en trece años de encarcelamiento.
Lutero tradujo la Biblia cuando estaba confinado en el castillo
de Wartburg. Durante diez años, Dante, el autor de *La divina
comedia*, trabajó exiliado y bajo sentencia de muerte. Beethoven
estaba casi sordo y agobiado por preocupaciones cuando creó sus
más grandes composiciones.

Cuando Dios quiere educar a un hombre no lo envía a la
escuela de la gracia, sino a la de las necesidades. Pasando por
el pozo y el calabozo fue que Josué llegó al trono de Egipto.
Moisés pastoreaba ovejas en el desierto antes que Dios lo llamara
a su servicio. Pedro, humillado y arrepentido por negar a Cristo,
aceptó el llamamiento «apacienta mis ovejas».

Los grandes líderes surgen cuando ocurren las crisis. En las
vidas de las personas que triunfan vemos repetidamente terribles

problemas que les fuerzan a levantarse por encima del promedio común. No solo encuentran las respuestas sino que descubren un tremendo poder dentro de sí mismas. Como el agua subterránea produce olas muy adentro en el océano, esta fuerza interior explota en una poderosa onda cuando las circunstancias parecen superarse. Entonces transpone el límite el deportista, el autor, el estadista, el científico o el hombre de negocios. David Sarnoff dijo: «Hay mucha seguridad en el cementerio; anhelo las oportunidades».

————— Aplicación de actitud: —————

Enumere dos problemas que al momento son parte de su vida. Al lado escriba sus reacciones ante ellos. ¿Son negativas? Su reto: descubra por lo menos tres posibles beneficios de cada problema. Ahora, enfréntese con los problemas poniendo sus ojos en los beneficios, no en las dificultades.

Axioma de actitud #6:
Nuestra actitud puede darnos una
perspectiva positiva poco común

Resultado de esa verdad: el logro de metas poco comunes. He observado las diferentes metodologías y los resultados logrados por un pensador positivo y por una persona llena de temor y aprensión.

Ejemplo: cuando Goliat vino contra los israelitas, todos los soldados pensaron: *es tan grande que jamás podremos matarlo.* David miró al mismo gigante y pensó *Es tan grande que no puedo fallar.*

El presidente del Moody Bible Institute, George Sweeting, en su sermón titulado: «La actitud es muy importante», cuenta de un escocés que era excelente trabajador y esperaba que todos los hombres a sus órdenes lo fueran. Sus hombres le tomaban el pelo diciéndole: «Scotty, ¿no sabes que Roma no se construyó en un día?». «Sí», respondió, «lo sé, pero yo no era capataz en esa obra».

El individuo cuya actitud le hace mirar la vida desde una perspectiva enteramente positiva, no siempre es comprendido. Es lo que algunos llamarían «una persona que no tiene límite». En otras palabras, una persona que no acepta las limitaciones normales de la vida como la mayoría. Está renuente a aceptar «lo aceptado» solamente porque es aceptado. Su respuesta a las condiciones limitantes propias probablemente será un «¿Por qué?» en vez de un «Está bien». Él tiene limitaciones en su vida. Sus talentos no son tan excelentes que no pueda fallar. Pero está determinado a caminar hasta el borde de su potencial o del potencial de un proyecto, antes de aceptar una derrota.

Esta estructura mental permite a una persona comenzar cada día con una disposición positiva, como el ascensorista el lunes por la mañana. El elevador estaba lleno y el hombre tarareaba una tonada. Un pasajero irritado por el ánimo del hombre le espetó: «¿Por qué está tan feliz?». «Bueno, señor», replicó el hombre alegremente, «¡yo nunca he vivido este día antes!».

El futuro no solamente parece brillante cuando la actitud es correcta, sino que también el presente es mucho más placentero. La persona positiva entiende que el viaje es tan agradable como el lugar de destino.

──────── Aplicación de actitud: ────────

Reconozca la limitación que usted o sus amigos tengan ahora. Con cada ejemplo de limitación haga la pregunta ¿Por qué? Ejemplo: «¿Por qué escojo un lugar de estacionamiento alejado, sin cerciorarme si hay uno más cercano primero?». Haga mentalmente la decisión de ser una «persona no limitada» cada vez que se haga la pregunta, ¿por qué?

AXIOMA DE ACTITUD #7:
NUESTRA ACTITUD NO ES AUTOMÁTICAMENTE BUENA POR EL SOLO HECHO DE QUE SEAMOS CRISTIANOS

Es digno de notarse que los siete pecados capitales: orgullo, avaricia, lujuria, envidia, ira, glotonería y pereza, no son sino asuntos de actitud, espíritu interior y motivos. Tristemente, muchos cristianos carnales acarrean problemas espirituales internos. Son como el hermano mayor del hijo pródigo, pensando que todo lo hacen bien. Él decidió quedarse en casa con el padre. De ninguna manera iba a malgastar su tiempo inútilmente. Sin embargo, cuando el hermano más joven regresó a casa, algunas de las actitudes erróneas del hermano mayor salieron a la superficie.

Primero, tuvo un sentimiento de importancia propia. El hermano mayor estaba afuera en el campo, haciendo lo que tenía que hacer, pero se enojó cuando comenzó la fiesta en casa. No se enojó porque no le gustaran las fiestas. Sé que le gustaban, porque se quejó con su padre reclamándole que nunca le había dejado tener una.

Le siguió un sentimiento de autocompasión. El hermano mayor dijo: «He aquí, tantos años te sirvo, no habiéndote desobedecido jamás, y nunca me has dado ni un cabrito para gozarme con mis amigos. Pero cuando vino este tu hijo, que ha consumido tus bienes con rameras, has hecho matar para él el becerro gordo» (Lucas 15.29, 30).

Casi siempre pasamos por alto el verdadero significado de la historia del hijo pródigo. Olvidamos que no tenemos uno sino dos pródigos. El hermano más joven era culpable de los pecados de la carne, mientras que el hermano mayor era culpable de los pecados del espíritu (actitud). Cuando la parábola termina, es el hermano mayor el que está fuera de la casa del padre.

Esta actitud de «hermano mayor» tiene tres posibles resultados, ninguno de los cuales es positivo.

Primero, es posible para nosotros ocupar el lugar y el privilegio de un hijo y al mismo tiempo rehusar las obligaciones de un hermano. Exteriormente, el hermano mayor era correcto, consciente, diligente y responsable, pero su actitud no era la adecuada. Además, una relación equivocada con el hermano produjo una relación tensa con el padre (v. 28).

Segundo, es posible servir al Padre fielmente y sin embargo no estar en comunión con él. Una relación correcta, debe, por lo general, producir intereses y prioridades similares. Sin embargo, el hermano mayor no tenía idea de por qué el padre debía regocijarse con el regreso de su hijo.

Tercero, es posible ser un heredero de todo lo que nuestro Padre tiene y sin embargo tener menos gozo y libertad que uno que no tiene nada. Los criados estaban más felices que el hijo mayor, comieron, rieron y bailaron, mientras este se quedó afuera reclamando sus derechos.

Una actitud equivocada mantuvo al hermano mayor lejos del deseo del corazón de su padre, del amor de su hermano, y de la alegría de los criados. Las actitudes equivocadas en nuestras vidas bloquearán las bendiciones de Dios y nos harán vivir por debajo del potencial de Dios para nosotros.

———— Aplicación de actitud: ————

Cuando nuestra actitud comienza a corroernos como al hermano mayor, debemos recordar dos cosas:

1. Nuestro privilegio: «Hijo, tú siempre estás conmigo» (v. 31).
2. Nuestras posesiones: «Todas mis cosas son tuyas» (v. 31).

Tómese un momento para hacer una lista de todos sus privilegios y posesiones en Cristo. ¡Cuán ricos somos!

SECCIÓN II

CONSTRUYA SU ACTITUD

4

Es difícil volar con las
águilas cuando se tiene
que vivir con los pavos

Lo que nos rodea controla nuestro vuelo. Pensar como pavos + hablar como pavos = caminar como pavos. Nos mezclamos rápidamente con el color que nos rodea. Las similitudes en el pensamiento, las peculiaridades, las prioridades, la manera de hablar y las opiniones son muy comunes en las culturas. Todos conocemos personas casadas que con el paso de los años se parecen más y más entre sí. Muchas veces los miembros de la familia muestran rasgos físicos parecidos.

Sin lugar a dudas, el ambiente circundante nos ayuda también a construir nuestras actitudes.

La palabra «elección» se coloca al otro lado de «ambiente», al formar actitudes. Hablando más lógica que emocionalmente, esta palabra nos dice: «Somos libres para escoger nuestras actitudes». Esta lógica se vuelve más convincente en la voz de Victor Frankl, sobreviviente de un campo de concentración Nazi, que dijo: «La última de las libertades humanas es escoger la actitud de uno en *cualquier* clase de circunstancias dada».

En nuestros primeros años nuestras actitudes están determinadas principalmente por nuestras condiciones. Un bebé no escoge su familia ni su ambiente, pero a medida que crece también crecen sus opciones.

Hace poco, dirigía un seminario sobre liderazgo en Columbus, Ohio. Durante todo un día hablé de la importancia de nuestras actitudes y de cómo influyen en nuestras vidas. En uno de los recesos, un hombre me contó la siguiente historia:

Desde que tengo memoria, no recuerdo haber oído un cumplido o un estímulo de parte de mi padre. Su padre había pensado que era un poco afeminado expresar afecto o siquiera aprecio. Mi abuelo era un perfeccionista que trabajaba mucho y esperaba que todos hicieran lo mismo, sin ningún apoyo. Y puesto que no era positivo ni comunicativo había tenido constantes cambios de empleados.

Por causa de mi formación, me ha sido difícil estimular a mi familia. Esta actitud crítica y negativa ha estorbado mi trabajo. Crié cinco hijos y viví ante ellos una vida cristiana. Lamentablemente, es más fácil para ellos ver mi amor hacia Dios que mi amor hacia ellos. Están hambrientos de estímulo y aprecio. Lo trágico es que han recibido la herencia de la mala actitud y ahora veo que están pasándola a mis preciosos nietos.

Nunca antes me he dado tanta cuenta de cómo se «capta una actitud» de las condiciones circundantes. Obviamente, esta actitud equivocada ha pasado a lo largo de cinco generaciones. ¡Ahora es el momento de detenerla! Hoy hice una decisión consciente de cambiar. No sucederá de la noche a la mañana, pero sucederá. No será fácil realizarla pero se realizará.

En esta historia notamos tanto las condiciones que moldean nuestro pensamiento como la decisión de cambiarlo. Ambas cosas desempeñan un importante papel en la formación de nuestra actitud. Ninguna de estas cosas puede, por sí sola, ser responsable de formar nuestra manera de pensar.

———— Aplicación de actitud: ————

Haga una lista de aquellas condiciones que hayan tenido influencias positivas y negativas en su vida (por ejemplo, si en una situación particular decidió escoger lo bueno de la circunstancia o ver el asunto con humor).

Condiciones:		Elección:	
Positivo:	*Negativo:*	*Positivo:*	*Negativo:*

5

Verdades fundamentales sobre
la edificación de la actitud

Antes de observar cosas específicas que ayudan a crear actitudes, debemos entender algunos principios básicos para la formación de ellas.

1. Los años formativos del niño son los más importantes para inculcarle las actitudes correctas

Los especialistas infantiles están de acuerdo en que el desarrollo durante los primeros años de un modo de pensar positivo, es la principal razón para el éxito futuro del niño. Las actitudes que aceptamos cuando niños son por lo general las que adoptamos cuando adultos. Es difícil que nos desviemos de nuestra preparación inicial. Proverbios 22.6, dice: «Instruye al niño en su camino, y aun cuando fuere viejo no se apartará de él». ¿Por qué? Porque los sentimientos y las actitudes que formamos en los primeros años de vida llegan a ser parte de nosotros. Nos sentimos bien con ellos aunque puedan ser errados. Aun cuando nuestras actitudes nos hagan sentir mal, son difíciles de cambiarlas.

2. La formación de una actitud nunca cesa

Nuestra actitud se forma de las experiencias y de la manera cómo reaccionamos ante ellas. Por eso, mientras vivimos, estamos formando, cambiando o reforzando actitudes. No hay tal cosa como una actitud inalterable. Somos como la pequeña niña a la que su maestro de escuela dominical le preguntó: «¿Quién te hizo?». Ella respondió: «Bueno, Dios me hizo una parte». «¿Qué quieres decir con que Dios te hizo una parte?», preguntó el sorprendido maestro. «Bueno, Dios me hizo un poco, y yo me hice el resto por mí misma».

¡Qué gran verdad! Las actitudes formadas en nuestros primeros años, no permanecen necesariamente iguales a través de los años. Muchas veces los matrimonios pasan a través de «aguas profundas» debido al cambio de la actitud del cónyuge. Algunas veces las personas inclusive cambian de pareja a la mitad de la vida debido a un cambio de actitud.

3. Mientras más se desarrolle nuestra actitud sobre el mismo fundamento, más sólida será

El refuerzo de nuestras actitudes fundamentales, sean positivas o negativas, las hace más resistentes. Mi padre comprendió esta verdad al decidirse a leer otra vez sus libros sobre pensamiento positivo. Una de sus prácticas para el desarrollo de su actitud era escribir un pensamiento positivo en una tarjeta de 3 x 5 pulgadas y leerlo repetidamente durante todo el día. Muchas veces lo he visto sacar la tarjeta durante recesos de quince segundos y leer la frase positiva. He decidido hacer de esto un hábito para mí también. Descubro que mientras más refuerzo mi mente con lectura excelente, más fuerte soy.

4. Muchos constructores (especialistas) ayudan a formar nuestras actitudes en cierto tiempo y lugar

Se necesitan ciertos especialistas en la construcción de una casa para hacer toda la estructura. Su tiempo puede ser mínimo y su contribución pequeña, sin embargo son parte de la construcción de esa casa. De la misma manera, ciertas personas vienen a nuestras vidas en determinados momentos para ayudar a construir o a desbaratar nuestra perspectiva.

5. No hay tal cosa como una actitud perfecta o intachable

En otras palabras, todos tenemos actitudes que necesitan ser remodeladas. Cuando mi amigo Paul me enseñó sobre los aviones, dijo: «El avión no es hecho para no tener equilibrio en el vuelo». Los aviones necesitan constantemente ajuste para volar efectivamente. Sucede igual con nuestras actitudes. Las corrientes de aire de la vida nos sacan de nuestro lugar y tratan de impedirnos alcanzar nuestras metas. Temporales inesperados cambian nuestra dirección y estrategia. Nuestras actitudes necesitan ajuste por cada cambio que viene a nuestras vidas.

Todo el mundo encuentra tormentas en su vida que amenazan con doblegar su actitud. El secreto para una llegada segura es ajustar continuamente su perspectiva.

———— Aplicación de actitud: ————

Nuestra actitud no permanece estancada. Un balón a medio inflar está lleno de aire, pero no está lleno a toda su capacidad. Una banda de caucho mantiene juntos los objetos que sostiene y es efectiva solamente cuando está apretada. ¿Qué encuentra usted en su vida que demande apretar su actitud? ¿Está haciendo ajustes? Escriba lo que siente que será su próxima «tormenta». Ahora, piense en la estrategia que empleará para contrarrestar una posible mala actitud relacionada con esa situación.

6

Materiales que se usan en la formación de la actitud

Como habrá notado, las actitudes no se dan automáticamente, ni son formadas en el vacío. Este capítulo trata de las principales influencias que hacen de nuestra actitud lo que es. Aunque estos «materiales», enumerados a continuación en orden cronológico, se superponen, su influencia es mayor unas veces que otras.

PERSONALIDAD/TEMPERAMENTO

NACIMIENTO:	*Medio ambiente*
EDADES 1–6:	*Expresión verbal*
	Aceptación/afirmación de los adultos
EDADES 7–10:	*Autoimagen*
	Receptividad a experiencias nuevas
EDADES 11–21:	*Asociación con los compañeros*
	Apariencia física
EDADES 22–61:	*Matrimonio, familia, trabajo*
	Éxito
	Ajustes
	Evaluación de su vida

Todos estos factores juegan un papel importante en nuestras vidas y no podemos realmente «encajonarlos» en edades. Sin embargo, como indicamos arriba, hay ciertas edades en las que estos factores tienen más influencia.

——— Aplicación de actitud: ———

Piense en los materiales con los que ha construido su actitud. Escriba sus respuestas.

Personalidad/temperamento: Llegué a este mundo con una personalidad_____ Esto afectó mi actitud cuando_____.

Ambiente: Cuando niño, mi ambiente era por lo general: (a) seguro, (b) inestable, (c) intimidante.

Expresión verbal: Recuerdo una ocasión cuando alguien me dijo algo positivo o negativo que afectó mi actitud. Coméntelo y explique las circunstancias.

_____

_____

Aceptación/afirmación de los adultos: Desde que recuerdo me sentí: (a) aceptado, (b) rechazado por mis padres.

Imagen propia: Pobre   Destacada

Mi imagen propia como niño era: 1   2   3   4   5

Mi imagen propia como adulto es: 1   2   3   4   5

Receptividad a experiencias nuevas: Una experiencia positiva y una negativa que me ayudaron a formar mi actitud:

_____

_____

Asociación con los compañeros: _____ fue la primera persona que tuvo una fuerte influencia en mi vida. Ahora _____ es la persona más importante y afecta mayormente mi actitud.

Apariencia física: ¿Qué es lo que más me gusta de mi apariencia? ¿Qué debo cambiar? ¿Por qué?

_____

_____

Matrimonio, familia, trabajo: (Estas son las tres áreas de su vida que pueden determinar grandemente su actitud.) ¿Qué área me afecta positivamente? ¿Hay alguna que me afecta negativamente? ¿Qué voy a hacer con las influencias negativas?

Éxito: El éxito es:

_____

¿Soy una persona con éxito a la vista de quienes más amo?

_____

Ajustes: físicos y emocionales: Tres ajustes difíciles que
he tenido que hacer en los últimos cinco años son:

_____

_____

_____

¿Cómo ha cambiado mi actitud debido a eso?

_____

Evaluación de su vida: Hasta ahora, mi vida ha sido:
(a) satisfactoria, (b) insatisfactoria. La vida comienza en

_____.

Ahora que ha evaluado cómo su perspectiva fue afectada en
varias fases de su vida, observemos los materiales específicos
que forman su actitud.

PERSONALIDAD: QUIÉN SOY

Nacemos como individuos diferentes. Aun dos hijos de los mismos padres, con el mismo ambiente y la misma preparación,
son totalmente diferentes los unos de los otros. Estas diferencias
son el «condimento de la vida» que a todos nos gusta. Como las
casas rodantes, que parecen todas iguales, si todas las personas
tuvieran iguales personalidades, nuestro viaje por la vida sería
ciertamente aburrido.

Un conjunto de actitudes acompaña a cada personalidad. Por lo general la gente con cierto temperamento desarrolla actitudes comunes a ese temperamento.[1] Hace unos pocos años, el pastor y consejero Tim LaHaye nos hizo reconocer nuestros cuatro temperamentos básicos. Por medio de la observación he notado que una persona con lo que se llama un temperamento colérico demuestra casi siempre actitudes de perseverancia y agresividad. Una persona con temperamento sanguíneo será por lo general positiva y verá siempre el lado optimista de la vida. Los que tienen temperamento introspectivo melancólico serán a veces negativos, mientras que el flemático dirá: «Fácilmente viene, fácilmente va». La personalidad de un individuo se compone de una mezcla de estos temperamentos, aunque hay excepciones. Sin embargo, un temperamento deja un rastro que puede ser identificado analizando las actitudes de una persona.

Medio ambiente: lo que me rodea

Creo que nuestro medio ambiente es un factor de control mayor en el desarrollo de nuestra actitud, más que nuestra personalidad u otros rasgos heredados. Antes que Margaret y yo formáramos nuestra familia, decidimos adoptar nuestros hijos. Quisimos dar a un niño que no pudiera normalmente tener el beneficio de un hogar cristiano, una oportunidad de vivir en ese ambiente. Aunque nuestros hijos no se parezcan físicamente a nosotros, ciertamente se han moldeado por el ambiente en el que les hemos criado.

El ambiente es el primer factor de influencia en nuestro sistema de creencias. Por eso el fundamento de la actitud está en el ambiente en el que nacimos. El ambiente llega a ser aun más importante cuando nos damos cuenta que *las actitudes iniciales son las más difíciles de cambiar*. Debido a esto, cuando miramos a la sociedad tendemos a sentir pánico ante el solo pensamiento de traer un hijo a este mundo.

Un cristiano no debe ver la sociedad tan negativamente. Con Jesús la vida es maravillosa. Saber esto nos da esperanza en cualquier ambiente. El apóstol Pedro dijo que la misericordia de Cristo nos hizo renacer para «una esperanza viva» (1 Pedro 1.3).

Sin embargo, la edad y el cristianismo no nos hacen inmunes a las influencias de nuestro medio ambiente. Fui pastor de la Iglesia Faith Memorial en Lancaster, Ohio, por más de siete años. Recuerdo 1978 como el año en que el centro de Ohio recibió muchos chubascos de nieve y agua helada. Por más de treinta días la temperatura jamás subió por encima del punto de congelamiento. La gente se volvió claustrofóbica mientras permanecía «congelada» en su encierro por días. Resultado: depresión. Pasé un promedio de treinta horas a la semana aconsejando a la gente que luchaba con problemas de actitud debido al mal tiempo. En efecto, había veces en que yo mismo cerraba mis ojos en oración, esperando escuchar a Dios decirme: «Hijo, vete a Hawai». Hasta el tiempo inclemente puede «depositar nieve en nuestras alas» haciéndonos perder altitud en nuestra actitud.

EXPRESIÓN VERBAL: LO QUE OIGO

«Palos y piedras pueden romper mis huesos, pero las palabras nunca me herirán».

¡No crea eso! Después que desaparecen las heridas y el dolor físico, el dolor interno producido por las palabras hirientes todavía permanece. Durante una reunión de personal de Skyline, pedí a los pastores, secretarias y guardianes que levantaran su mano si recordaban alguna experiencia de la infancia en la que las palabras de alguien les hirieran profundamente. Todos levantaron su mano.

Un pastor recordó la ocasión cuando estaba sentado en un círculo de lectura en la escuela. Cuando le llegó su turno para leer, pronunció mal la palabra «fotografía». El profesor le corrigió y toda la clase se rió. Todavía lo recuerda... cuarenta años más tarde. Un resultado positivo de esa experiencia fue su deseo, desde ese momento, de pronunciar las palabras correctamente. Ahora se destaca como un orador debido a esa determinación.

Las palabras son poderosas... sin embargo, no tienen sentido hasta que se añaden a un contexto. Las mismas palabras, viniendo de dos diferentes personas, rara vez se reciben de la misma manera. Las mismas palabras en frases diferentes rara vez causan el mismo impacto. Las mismas palabras, viniendo de la misma persona, se interpretan a la luz de la actitud del que las pronuncia. Una madre trataba de enseñar a su hijo esta verdad. Un día, el muchacho vino a casa y le dijo: «Mamá, creo que fracasé en mi examen de aritmética». Su madre le dijo: «Hijo, no digas eso; eso es negativo. Sé positivo». Así que el muchacho dijo: «Mamá, estoy positivamente seguro de que fracasé en mi examen de aritmética».

Aceptación/afirmación adulta: lo que siento

Cuando hablo a líderes, les menciono la importancia de la aceptación/afirmación hacia aquellos a quienes dirigen. La verdad es que *a la gente no le importa mucho lo que usted sabe, hasta que sabe lo mucho que a usted le importa.*

Recuerde sus días escolares. ¿Cuál era su profesor favorito? ¿Por qué? Probablemente recuerde con más gratitud al que le aceptó y afirmó. Rara vez recordamos lo que el profesor nos dijo, pero sí recordamos cuánto nos amó. Antes de buscar enseñanza, buscamos entendimiento. Después que hemos olvidado las enseñanzas, recordamos el sentimiento de aceptación o rechazo.

Muchas veces he preguntado a las personas si les gustó el sermón de su pastor de la semana anterior. Luego que responden afirmativamente, les pregunto: «¿Cuál fue el tema?». El setenta y cinco por ciento de las veces no pueden darme el título del sermón. No recuerdan el tema exacto, pero recuerdan la atmósfera que había y la actitud con que se predicó.

Una vez conversé con Mary Vaughn, que fue jefe de consejería en el sistema de escuelas elementales de Cincinnati. Le pedí que me indicara cuál era el principal problema que notaba en los casos de consejería. «John», dijo de inmediato, «la mayoría de los problemas sicológicos de los muchachos se originan en la falta de afirmación y aceptación de parte de sus padres y compañeros». Continuamente hizo énfasis en que el nivel económico, el estrato profesional o social u otros factores en los que la sociedad pone toda su atención eran insignificantes.

Entonces me contó una historia sobre Dennis, un niño de diez años de edad. Este alumno de tercer grado siempre peleaba, mentía y causaba muchos problemas entre sus compañeros. Creía que «nadie me quiere, el maestro siempre me llama la atención». No respondía a las personas a quienes él realmente les importaba y que trataban de ayudarle al máximo. ¿Cuál era su problema? Quería la afirmación y el amor de su madre, tanto, que vivía en un mundo de fantasía hablando siempre del amor (inexistente) de su madre. En realidad su madre no hizo nada por concederle esa afirmación. La necesidad de atención que Dennis tenía era tan grande, que soñaba con el amor de su madre y dirigía su mala actitud hacia otros.

A diferencia de Dennis, fui privilegiado al crecer en una familia muy sólida. Nunca cuestioné el amor y la aceptación de mis padres. Constantemente afirmaban su amor a través de sus acciones y palabras. Margaret y yo procurábamos crear este mismo ambiente para nuestros hijos. Con frecuencia hablábamos acerca de la importancia de mostrar amor a nuestros hijos. Concluimos que ellos ven o sienten nuestra aceptación y afirmación por lo menos treinta veces al día. ¡Eso no es demasiado! ¿Le han dicho alguna vez que es importante, amado y apreciado? Recuerde, *a la gente no le importa lo mucho que usted sabe, hasta que saben lo mucho que a usted le importa.*

IMAGEN PROPIA: CÓMO ME VEO A MÍ MISMO

Es imposible desempeñarse de una manera que no esté de acuerdo con la forma en que nos vemos a nosotros mismos. En otras palabras, actuamos como una respuesta directa a nuestra propia imagen. Nada es más difícil de lograr que cambiar la manera de ser exterior sin cambiar los sentimientos internos. A medida que nos demos cuenta que nuestra manera de actuar se basa en nuestra percepción de nosotros mismos, debemos también recordar el amor y la aceptación incondicional de Dios. Él piensa mejor de nosotros de lo que pensamos de nosotros mismos. Puede ser que los discípulos no hayan sido grandes realizadores a los ojos del mundo, pero el llamamiento de Cristo transformó sus vidas.

Una de las mejores maneras de aprovechar esos sentimientos internos es poner algo de «éxito» bajo su cinturón. Mi hija Elizabeth tendía a ser asustadiza y rehuía las experiencias nuevas. Pero una vez que se familiarizaba con una situación, marchaba «a todo vapor hacia adelante». Cuando estaba en primer grado, su escuela hizo una venta de dulces para ayudar a financiar su presupuesto. A cada muchacho le dieron treinta barras de dulce y le pidieron venderlas todas. Cuando recogí a Elizabeth de la escuela, tenía este «reto» entre sus manos y necesitaba estímulo. Era el momento para una reunión de ventas con mi nueva vendedora.

Camino a casa le enseñé cómo vender los dulces. Adorné la enseñanza con media docena de frases «Puedes hacerlo, tu sonrisa les animará, creo en ti». Al final de nuestro viaje de quince minutos, la jovencita que iba a mi lado se había convertido en una encantadora y convencida vendedora. Fue a todo el vecindario con su pequeño hermano Joel comiendo uno de los dulces y diciendo que en verdad era lo mejor que había comido.

Al final del día, las treinta barras se habían vendido y Elizabeth se sentía en la gloria. Nunca olvidaré las palabras que dijo en su oración esa noche cuando la llevé a su cama: «Oh Dios, gracias por la venta de dulces de la escuela. Fue algo muy lindo. Oh, Señor, ayúdame a ser una ganadora. Amén».

Esta oración es el deseo del corazón de todas las personas. Todos queremos ser ganadores. Naturalmente, Elizabeth vino a casa al siguiente día con otra caja de dulces. ¡Ahora venía la gran prueba! Agotó toda la existencia de vecinos amistosos y se lanzó al cruel mundo de los compradores desconocidos. Reconoció que tenía miedo cuando fue a un centro comercial para vender nuestros artículos. Nuevamente le ofrecí estímulo, unas cuantas instrucciones de ventas más, más valor, el lugar correcto, *más* valor. Y lo logró. La experiencia sumaba dos días de venta, dos trabajos de ventas afuera, dos personas felices, y una imagen propia muy en alto.

El principio obra en reversa también. La manera como nos vemos refleja como nos ven los demás. Si nos gustamos, esto aumenta las probabilidades que gustaremos a otros. *La imagen propia es el parámetro para la construcción de nuestra actitud.* Actuamos en respuesta a cómo nos vemos. Nunca iremos más allá de los límites que marcan nuestros verdaderos sentimientos acerca de nosotros mismos. Esos «otros países» solamente pueden ser explorados cuando nuestra imagen propia es lo suficientemente fuerte para darnos permiso.

Receptividad a experiencias nuevas: oportunidades para crecer

Voltaire comparaba a la vida con un juego de cartas. Cada jugador debe aceptar las cartas que le entregan. Pero una vez que esas cartas están en sus manos, él es el único que decide cómo usarlas para ganar el juego.

Siempre tenemos un número de oportunidades en nuestras manos. Debemos decidir si corremos el riesgo y actuamos de acuerdo a ellas. Nada en la vida causa más tensión y, sin embargo, al mismo tiempo, provee más oportunidades de crecimiento, que las experiencias nuevas.

Mis padres reconocieron el valor de las nuevas experiencias e hicieron lo mejor para abrir ante cada hijo las positivas. Algunos de mis más tiernos recuerdos son de los tiempos cuando viajaba con mi padre. Muchas veces le diría a mi maestro: «Usted está enseñando muy bien a mi hijo, pero la próxima semana voy a llevarlo conmigo para abrir algunas experiencias nuevas para él». Iríamos a otro estado y mi conocimiento de la gente, su naturaleza y cultura mejoraría.

Siempre estaré agradecido por aquellas experiencias previamente arregladas. Nunca olvidaré la ocasión en que conocí al gran misionero y estadista E. Stanley Jones. Después de escuchar hablar a este gigante espiritual, mi padre me llevó a su oficina para presentármelo. Todavía recuerdo el cuarto, su actitud y, lo más importante, sus palabras de aliento para mí.

Como padre, es imposible que pueda proteger a sus hijos de las experiencias que podrían ser negativas. Por lo tanto es esencial preparar encuentros positivos que fortalecerán su imagen propia y su confianza. Tanto las experiencias positivas como las negativas deben usarse como instrumentos para preparar a los hijos para la vida.

La historia de Elizabeth no terminó después de dos días con éxito en las ventas. Poco después fue de puerta en puerta, otra vez, pidiendo que la gente comprara la «barra de chocolate más deliciosa del mundo». Nos pusimos una meta (el final de una cuadra muy larga) y determinamos no retirarnos hasta que alcanzáramos la meta.

Con cada visita en la que no se vendía, sus pasos se hacían más lentos y mi entusiasmo más grande. Finalmente hizo una venta en la casa próxima a la última. Vino corriendo hacia el automóvil, agitando el dinero y queriendo ir una cuadra más. Le dije: «Perfecto», y ella se fue corriendo.

La lección es obvia. Los hijos necesitan continuo apoyo y estímulo cuando sus nuevas experiencias son menos que positivas. En efecto, mientras peor es la experiencia, más valor necesitan. Pero a veces nos desanimamos cuando ellos se desaniman. Esta es una buena fórmula para practicar:

Experiencias nuevas + enseñanzas prácticas x amor = crecimiento.

ASOCIACIÓN CON LOS COMPAÑEROS: QUIÉNES INFLUYEN EN MÍ

Lo que dicen otros acerca de su percepción respecto a nosotros afecta cómo nos percibimos a nosotros mismos. Por lo general, respondemos a las expectativas de otros. Esta verdad es evidente para el padre cuando su hijo va a la escuela. Nunca más podrá el padre controlar el ambiente de su hijo. Cualquier profesor de escuela elemental entiende que los muchachos desarrollan muy rápidamente una «jerarquía» en la clase. Los estudiantes se ponen etiquetas y se relacionan entre ellos a veces con cruel sinceridad. La presión de los compañeros llega a ser un problema.

Mary Vaughn, en uno de sus casos de estudio que involucraba a un alumno de primer grado, escribió: «Un ambiente físico muy pobre (poca ropa, alojamiento o comida) no produce necesariamente actitudes negativas en el niño. Es la falta de aceptación de parte de los compañeros lo que deja profundas cicatrices dentro del niño». Nos da un ejemplo: un alumno de primer grado que robaba.

Terry estaba pálido y tenía cara de enfermo. El maestro sabía de su robo. Las cosas perdidas se encontraban casi siempre en su escritorio. Luego de una reunión de consejería con Terry, se arregló una visita a sus padres. Su morada consistía en cuatro cuartos que albergaban a nueve personas. Estaban escasamente amueblados y la pobreza era evidente. Los padres agradecieron la oferta de ayuda y ropa. También querían ayudar a Terry. Evaluación del problema: Terry robaba únicamente debido a que la presión de sus compañeros le hacía sentir su pobreza. Quería los mismos borradores finos y los útiles que sus compañeros tenían. Sin duda, esta experiencia ayudó a los padres de Terry a observar que otros ejercían un considerable control sobre la conducta de su hijo.

Casey Stengel, entrenador con éxito de los Yankees de Nueva York, comprendió este poder de asociación en la actitud de un jugador. Billy Martin recordaba el consejo que Stengel le dio cuando Martin era un entrenador novato. Casey me dijo: «Habrá quince jugadores en tu equipo que serán capaces de atravesar una pared por ti, cinco que te odiarán y cinco indecisos; cuando hagas tu lista de jugadores, coloca a tus perdedores juntos. No coloques nunca a un buen tipo con un perdedor. Los perdedores que están juntos culparán al entrenador por todo, pero esa opinión no se extenderá a los demás si los mantienes aislados».

Un hombre vino a mí en una reunión en la que había disertado sobre la actitud y los compañeros. Quería que le aclarara el concepto de aislarnos de aquellos que pueden deprimirnos. Su pregunta era: «¿Cómo podemos ayudar a los que tienen un problema de actitud, si permanecemos lejos de ellos?». Mi respuesta fue: «Hay una diferencia entre ayudar a los que tienen problemas de actitud permanentes y el hecho de ponerlos en la lista de nuestros amigos íntimos. Mientras más estrecha sea nuestra relación, más influencia tendrán las actitudes y filosofías de nuestros amigos sobre nosotros».

Apariencia física: cómo lucimos
ante los demás

Nuestra apariencia juega un papel importante en la formación de nuestra actitud. Se pone increíble presión en las personas que poseen esa «apariencia» que es el patrón de aceptación. Dedique un día a ver televisión y note en qué hacen énfasis los anuncios comerciales. Observe el porcentaje de anuncios que destacan el vestido, la dieta, el ejercicio y sobre todo el atractivo físico. Hollywood dice: «La fealdad se descarta y la simpatía se acepta». Esto influye en la percepción de los valores basada en la apariencia física. Lo que hace esto aun más difícil es darnos cuenta que otros juzgan también nuestro valor por nuestra apariencia. Hace años leí un artículo de negocios que decía: «Nuestro atractivo físico ayuda a determinar nuestros ingresos». El informe de ese artículo mostraba las discrepancias entre los salarios de los hombres de 1.87 metros de altura y los de 1.77. Los más altos frecuentemente recibían salarios más altos.

Matrimonio, familia y trabajo:
nuestra seguridad y posición

Las nuevas influencias afectan nuestra actitud cuando estamos por nuestra segunda década. Es durante este tiempo de nuestras vidas que la mayoría nos casamos. Eso significa que otra persona influye en nuestra perspectiva.

Cuando hablo de actitudes, siempre destaco la necesidad de rodearnos de gente positiva. Una de las quejas más tristes que escucho, viene de un cónyuge que me dice que el otro es negativo y no quiere cambiar. En cierta medida, cuando el cónyuge negativo no quiere cambiar, el positivo está impresionado de negativismo. En tales situaciones, aconsejo a la pareja recordar y regresar a los patrones que seguían durante los días de enamoramiento.

Observe a una pareja durante el enamoramiento. Ilustran dos hermosas ideas. Edifican sobre las virtudes y esperan lo mejor. Es la época cuando la muchacha ve a su novio como un caballero con refulgente armadura. Ve lo mejor. Espera lo mejor. Ignora cualquier cosa que parezca debilidad. Él ve en ella a una hermosa muchacha con nobles sentimientos y excelentes cualidades. Luego se casan y cada uno ve la realidad del otro, tanto debilidades como virtudes. El matrimonio será bueno y se fortalecerá si no se destacan las debilidades. Pero puede terminar en divorcio cuando se desconocen las virtudes. En vez de esperar lo mejor, los cónyuges esperan lo peor. En vez de ver las virtudes, ven las debilidades.

Ya sea que usted tenga once, cuarenta y dos o sesenta y cinco años, su actitud hacia la vida todavía está en construcción. Al entender cuáles son los materiales con los que se forma la estructura de su actitud, usted y aquellos en quienes influye pueden mantener una perspectiva más saludable.

7

Las equivocaciones más costosas
que la gente comete al edificar
una actitud

Esto es algo que sucede en el momento en que nacemos. Los ansiosos familiares aplastan la nariz contra la ventana de la enfermería en el hospital y comienzan el juego: «¿A quién se parece?». Después de mucha discusión, se decide que esa cara rojiza, arrugada, sin dientes, ese bebé calvo, se parece al «tío Harry».

El seguir poniéndole etiquetas al niño aumenta a medida que desarrolla su personalidad. Esa es una reacción humana normal. Todos lo hacemos. Sin embargo, llega a ser hiriente cuando ponemos limitaciones debido a que es un estudiante «C», o un niño corriente o un niño «simple». A menos que los padres tengan cuidado, sus hijos crecerán sintiéndose poca cosa debido a la casilla en la que les han metido y a las pocas expectativas que han puesto en ellos.

¿Cuáles son las capacidades de una persona? Nadie sabe. Por eso nadie debe introducir ideas que limitan la vida en las mentes de los demás. Hace varios años, Johnny Weissmuller, también conocido como Tarzán por los cineastas, fue calificado como el más grande nadador del mundo jamás conocido. Médicos y entrenadores de todas partes decían: «Nadie podrá romper jamás los récords de Johnny Weissmuller». ¡Tenía más de cincuenta! ¿Saben quiénes están rompiendo los récords de Tarzán hoy en día? ¡Muchachas de trece años! Los récords olímpicos de 1936 fueron las marcas normales para los juegos olímpicos de 1972.

Recuerde: otros pueden detenerlo temporalmente, pero usted es el único que puede hacerlo permanentemente.

Un elefante puede fácilmente cargar una tonelada en su trompa. Pero ¿han visitado un circo y visto a estas criaturas gigantescas permanecer quietas atadas a una pequeña estaca de madera?

Cuando es todavía tierno y débil, es atado con una pesada cadena a una fuerte estaca de hierro. Descubre que no importa cuánta fuerza emplee, no puede romper la cadena ni mover la estaca. Luego, no importa cuán grande y fuerte llegue a ser, sigue creyendo que no puede mover la estaca que ve en el suelo detrás de él.

Muchos adultos inteligentes actúan como este elefante de circo. Se restringen en pensamiento, acción y resultados. Nunca van más allá de las fronteras de la limitación impuesta por sí mismos.

Cuando doy conferencias sobre las limitaciones, hablo sobre lo que llamo «la vitalidad subyacente».

Nuestro Potencial

En la ilustración, la línea de vitalidad subyacente representa nuestra barrera limitante impuesta por nosotros mismos. La línea quebrada que sube y baja representa nuestra vida actual. El esfuerzo que se necesita para romper la línea de la vitalidad subyacente, requiere nuestra vitalidad. Cada vez que intentamos pasar la línea hay dolor. Pagamos un precio emocional y físico cuando queremos romper nuestras propias limitaciones y entrar en un área nueva de mayor potencial.

Más adelante, en las secciones III y IV de este libro, miraremos más de cerca este proceso. Lamentablemente, muchas personas aceptan sus limitaciones y nunca alcanzan todo su potencial. Son como las pulgas entrenadas que saltan arriba y abajo dentro de un frasco. El observador notará que el frasco no tiene tapa para que no salgan las pulgas. ¿Pero por qué esas pulgas no saltan fuera del frasco y ganan su libertad? La respuesta es simple. El entrenador de las pulgas, cuando las colocó por primera vez dentro del frasco, le puso una tapa. Las pulgas saltaban alto y golpeaban continuamente su pequeño cerebro contra la tapa. Después de unos cuantos dolores de cabeza, las pulgas dejaron de saltar muy alto y comenzaron a disfrutar su nueva comodidad. Entonces, la tapa podía ser removida y las pulgas seguían cautivas, no por una tapa real sino por una manera de pensar que les decía: «Tan alto, nunca más».

Estos son algunos comentarios que hacemos sin pensar y que pueden limitar nuestro potencial e impedirnos romper la línea de la vitalidad subyacente.

«Esto nunca se ha hecho antes».
«Nunca lo intentaré otra vez».
«Tómalo con calma».

Ahora es su turno. Haga una lista de las declaraciones que han limitado su potencial.

Si alguien pretende cargarle con una línea limitante de la vitalidad subyacente, aquí está un poema que puede contrarrestar el ataque. Léalo de tiempo en tiempo.

Dijeron que no se podía,
pero él riendo dijo:
Tal vez, pero no lo aceptaría
hasta no hacer un intento [...]
Anda, ve, canta mientras procuras hacer
lo que «no puede ser hecho», y entonces tú lo harás.[1]

—*Edgar A. Guest*

CÓMO SE ESTRELLA
SU ACTITUD

8

¡Socorro! ¡Socorro! ¡Mi actitud
está perdiendo altura!

Una de las primeras cosas que descubrí durante mi viaje en
un pequeño avión, fue que las turbulencias hacen a veces
que el vuelo sea un poco escabroso. Así como el vuelo tiene esos
momentos, también la vida los tiene. Un día apacible es la excepción, no la norma. Un vuelo derecho y a nivel es por lo general el
resultado de una recuperación de las subidas, bajadas y vueltas.
Es la excepción, no la regla.

¿Ha tenido usted algún día como el que tuvo el pequeño
muchacho en *Alexander y el día terrible, horrible, espantoso,
horroroso*, por Judith Viorst?

Me quedé dormido con un chicle en la boca y ahora tengo
chicle en el pelo y cuando me levanté esta mañana me tro-
pecé con el patín y se me cayó el suéter en el lavabo mientras
corría el agua y comprendí que iba a ser un día terrible, horrible, espantoso, horroroso.[1]

He aquí algunas reglas que debe recordar cuando tenga uno
de esos días terribles, horribles, espantosos, horrorosos, y sienta
que su actitud comienza a caer en picada.

Regla #1:
Mantenga la actitud correcta cuando «el vuelo se vuelva difícil»

Nuestra reacción natural es saltar en el paracaídas de nuestra
actitud correcta para compensar nuestros problemas. En nuestro
vuelo por la vida nuestra actitud es más crítica durante los tiempos difíciles. Es entonces cuando tenemos la tentación de caer
en el pánico y tomar decisiones con una actitud equivocada.
Cuando nos estrellamos, ese es el resultado de una reacción
equivocada, no de la turbulencia. ¿Cuántas veces hemos visto
«hacer una montaña de un grano de arena», haciendo que la
solución sea más peligrosa que el problema mismo?

Recuerde, la dificultad llega a ser en realidad un problema
cuando interiorizamos las circunstancias desafortunadas. Otra
cosa que tenemos que recordar cuando el tiempo se hace borras-
coso es que *lo que realmente importa es lo que sucede en nosotros,
no a nosotros.* Cuando las circunstancias externas nos conducen a
decisiones internas equivocadas, en realidad tenemos problemas.

Una vez hablé con un hombre que tenía problemas financie-
ros. Encaraba la posibilidad de perderlo todo. Le ofrecí oración
y valor durante ese tiempo difícil. Su reacción fue: «¡Nunca he
estado más cerca de Dios!». Me contó cómo esta prueba le estaba

haciendo más fuerte en su relación con Dios. Pablo le dijo a Timoteo que los cristianos serían perseguidos. Le dijo que él no solo había soportado la persecución, sino también que Dios siempre lo había librado (2 Timoteo 3.11, 12). Pablo dejó que las tormentas de la vida le fortalecieran. Qué diferente era él de aquellos que gritan: «¡Renuncio!», cada vez que surgen las dificultades.

REGLA #2:
ACEPTE QUE LOS TIEMPOS DIFÍCILES NO SON ETERNOS

Cuando estamos en medio de situaciones difíciles, no es fácil recordar esta verdad. Los problemas nos consumen. Todo lo que sabemos está influido por el presente. A la persona que se está ahogando no le importa la agenda de mañana.

Hay una expresión que uso frecuentemente cuando siento que las dificultades me abruman. Cuando ya he tenido suficiente digo: «¡Esto también pasará!». Esa breve declaración funciona en verdad. Me ayuda a tener otra perspectiva de mi situación.

He oído a los corredores hablar de la «fuerza» que reciben al correr. (Me es difícil aceptar eso cuando miro el gesto de sus caras mientras corren.) Una vez que reciben su «segundo impulso», se sienten como que podrían correr todo el día. ¿Cuál es su secreto? Correr hasta conseguir su segundo impulso. La primera parte es difícil y dolorosa. La última es más fácil y gratificante.

REGLA #3:
PROCURE TOMAR LAS DECISIONES MÁS IMPORTANTES ANTES DE LA TORMENTA

Se pueden evitar muchas tormentas pensando y planificando con anticipación. El piloto averiguará cómo estará el tiempo antes de su proyectado vuelo, antes de proceder. Al volar, observará su radar o llamará a la base próxima para anticipar las condiciones del tiempo.

Obviamente, no se pueden evitar todas las tormentas, pero me pregunto cuántas encontramos solamente porque no utilizamos todos los medios a nuestra disposición para prevenirlas. La mayoría de las veces nuestros problemas son el resultado de nuestra pobre planificación y no de las condiciones que rodean nuestras vidas.

Para evitar algunas tormentas potenciales en la vida, necesitamos conocer y confiar en los indicadores de tiempos difíciles. Estos son algunos posibles «ojos» que pueden ayudarnos a prever los problemas, y estas algunas preguntas que debemos hacernos antes de proceder a resolver el problema:

INDICADORES DE TIEMPOS DIFÍCILES	PREGUNTAS QUE DEBO RESPONDER
Falta de experiencia	*¿Conozco a alguien que tenga experiencia en esta área?*
Falta de conocimiento	*¿He estudiado lo suficiente como para dirigir bien mi curso?*
Falta de tiempo	*¿Permito que el proceso del tiempo obre en mí tanto como la tormenta?*
Falta de hechos	*Los hechos reunidos ¿me permiten tomar una decisión adecuada?*
Falta de oración	*¿Es idea de Dios o es mía? Si es mía, ¿la bendice Dios y la respalda con su palabra?*

Aun después de revisar todos los indicadores de tiempo, quizás todavía encontremos algunas tormentas. Las dificultades de la vida tienen una incomprensible manera de acecharnos silenciosamente. Cuando eso sucede, procure retardar las principales decisiones tanto como sea posible. Nuestra vida es una serie de subidas y bajadas. (Véase la ilustración a continuación.) Hay una diferencia esencial entre las personas que saltan de un problema a otro, y las que van de éxito en éxito. La diferencia es el tiempo.

Los que hacen una mala decisión tras otra, las hacen durante las «bajadas» de la vida. Los que parece que tienen el toque mágico del rey Midas, han aprendido a esperar hasta que las «bajadas» pasen, y entonces se sientan en lo alto de las cosas.

¿Cuándo toma la gran «D»?

El momento correcto para tomar una decisión

El momento equivocado para tomar una decisión

Me da dentera cuando escucho que un orador de un seminario dice: «Es más importante tomar una decisión equivocada inmediatamente, que no tomar ninguna». ¡No lo crea! La clave del éxito en la toma de decisiones está tanto en tomarse el tiempo necesario como en hacer la decisión correcta.

Decisión equivocada en el tiempo equivocado = desastre.
Decisión equivocada en el tiempo correcto = equivocación
Decisión correcta en el tiempo equivocado = desaprobación
Decisión correcta en el tiempo correcto = éxito

Por lo general, las decisiones equivocadas se hacen en el tiempo equivocado y las decisiones correctas en el tiempo correcto. ¿Cuál es la razón? Permitimos que nuestro medio ambiente controle nuestro pensamiento, el cual, a su vez, controla nuestras decisiones. Por eso, mientras más decisiones se tomen con calma, menos tormentas nos derribarán.

Regla #4:
Manténgase en contacto con la torre de control

Todo piloto sabe el valor que tiene comunicarse con hombres experimentados en los momentos de dificultades. La reacción natural cuando se tienen dificultades en el cielo, es pedir ayuda por radio. No siempre hacemos esto en nuestra vida diaria.

Nuestra tendencia es hacer las cosas por nuestra propia cuenta. Admiramos a los hombres valientes y decididos que salieron adelante solos. Es la manera norteamericana. A veces somos como pequeños Frank Sinatra, cantando a voz en cuello para que todos nos oigan: «Lo hice a mi manera».

Jesús canta otra canción. Sus palabras hablan de plenitud de gozo y frutos. El tema de su canción dice: «Separados de mí nada podéis hacer» (Juan 15.5). El título de su canción es: «Vive en mí y yo viviré en ti» o, más modernamente: «Te sentirás muy bien si estás conectado con la Vid».

La primera estrofa dice: «Permaneced en mí, y yo en vosotros. Como el pámpano no puede llevar fruto por sí mismo, si no permanece en la vid, así tampoco vosotros, si no permanecéis en mí» (Juan 15.4).

La segunda estrofa dice: «Yo soy la vid, vosotros los pámpanos; el que permanece en mí, y yo en él, este lleva mucho fruto; porque separados de mí nada podéis hacer» (Juan 15.5).

La tercera estrofa dice: «El que en mí no permanece, será echado fuera como pámpano, y se secará; y los recogen, y los echan en el fuego, y arden» (Juan 15.6).

La cuarta estrofa dice: «Si permanecéis en mí, y mis palabras permanecen en vosotros, pedid todo lo que queréis, y os será hecho» (Juan 15.7).

Durante un avivamiento en Skyline, Dios me hizo entender las afirmaciones de Jesús: «Separados de mí nada podéis hacer».

Siempre me he inclinado a pensar: *Separado de Dios puedo hacer solamente algunas cosas.* He reconocido rápidamente mi necesidad de Él para hacer «mucho más abundantemente de lo que pedimos o deseamos» (Efesios 3.20), pero he creído que puedo hacer solo las cosas que no eran tan grandes. No es así. He aprendido que no puedo «volar solo» en mi mundo nunca más. Sea que el tiempo esté tempestuoso o calmado y los cielos azules, siempre debo mantenerme en contacto con Cristo.

——— Aplicación de actitud: ———

Por favor, lea siguientes afirmaciones. Tómese un momento para usar estas verdades en su actitud actual.

1. «Lo que realmente importa es lo que sucede en nosotros, no a nosotros».

   ¿Qué es más importante, la acción equivocada dirigida hacia mí, o la reacción equivocada dentro de mí?

   ¿Por qué?

2. «Siempre segamos lo que sembramos»

   ¿Es verdad eso?

   Si no, ¿por qué?

3. «La diferencia entre el éxito y el fracaso en la toma de decisiones es con frecuencia asunto de tiempo».

   ¿Cuándo debe hacer sus decisiones un ganador?

   ¿Cuándo debo hacer la mía?

Hablamos sobre los factores que nos hacen perder altitud. Los siguientes capítulos de la sección tres tratan de los factores que nos «hacen estrellar». Son las cosas que nos hacen chocar o las que culpamos cuando hacemos aterrizajes forzosos.

9

Cuando nos estrellamos
por dentro

Hay ciertas tormentas en la vida de la persona que contribu-
yen a que la actitud se estrelle. Las tres tormentas que trato
en este capítulo son predominantemente internas, no externas.
Son parte de nosotros y deben ser tratadas constructivamente
para que traigan paz y produzcan una actitud sana.

El temor al fracaso

La primera tormenta interna es: *el temor al fracaso.*

Hemos tenido muchas maneras de enfrentarnos con eso.
Algunas personas son tan determinantes que dicen: «Si no tienes
éxito la primera vez, destruye toda evidencia de que lo intentaste».

Fracaso: lo escondemos,
  lo negamos,
  lo tememos,
  lo desconocemos, y
  lo odiamos.

Hacemos todo menos aceptarlo. Por aceptación no quiero decir resignación y apatía. Quiero decir entendimiento que el fracaso es un paso necesario hacia el éxito. La persona que nunca cometió una equivocación nunca hizo nada.

Me gusta leer las vidas de los grandes individuos. Una realidad constante en todos es que experimentaron fracasos. En efecto, la mayoría de ellos comenzaron siendo fracasos.

Cuando el gran pianista polaco Ignace Paderewsky decidió estudiar piano, su profesor de música le dijo que sus manos eran demasiado pequeñas para dominar el teclado.

Cuando el gran tenor italiano Enrico Caruso presentó su solicitud para aprender canto, el maestro le dijo que su voz sonaba como el viento que silbaba por la ventana.

Henry Ford olvidó poner una marcha de reversa en su primer carro.

Thomas Edison gastó dos millones de dólares en una invención que demostró ser de poco valor.

Muy pocos lo hicieron bien la primera vez. Fracasos, repetidos fracasos, son las huellas que hay en el camino hacia el éxito.

Aceptar el fracaso en el sentido positivo es algo efectivo cuando se cree que el derecho a fracasar es tan importante como el derecho a triunfar. Cuando vivía en San Diego, me gustaba el clima más que a los nativos del Sur de California. ¿Por qué? Porque yo había vivido en Ohio y experimenté el invierno de 1978, para no mencionar unos cuantos más. El experimentar los problemas nos da un gozo más grande en nuestro progreso si aceptamos el fracaso como un proceso importante para llegar a nuestras metas.

Es imposible triunfar sin sufrir. Si tiene éxito y no ha sufrido, es que alguien ha sufrido por usted; y si está sufriendo sin tener éxito, tal vez alguien tendrá éxito por usted. Pero no hay éxito sin sufrimiento.

Corra el riesgo. Trepe y súbase a la rama donde está el fruto. Muchas personas están todavía abrazadas del tronco del árbol, preguntándose por qué no reciben el fruto de la vida. Muchos líderes potenciales nunca lo logran porque se quedan atrás y dejan que otro corra el riesgo. Muchos receptores potenciales nunca recibieron nada porque no dieron un paso fuera de la multitud y lo pidieron. Santiago nos dice: «No tenemos porque no pedimos» (Santiago 4.2). En realidad no pedimos porque tememos el rechazo. Por eso no corremos el riesgo.

Pero se debe correr el riesgo, porque el mayor peligro de la vida es no arriesgar nada. La persona que no arriesga nada no hace nada, no tiene nada y no es nada. Puede evitar sufrimiento y dolor, pero no puede aprender, crecer, sentir, cambiar, amar, vivir. Encadenado por estas certezas, es esclavo, ha perdido su libertad.

El temor al fracaso se aferra de aquellos que se toman demasiado en serio. Mientras crecemos, pasamos mucho tiempo preocupándonos de lo que el mundo piensa de nosotros. Cuando llegamos a la madurez nos damos cuenta que el mundo ni se fijó en nosotros todo el tiempo que nos preocupamos. Hasta que aceptemos que el futuro del mundo no depende de nuestras decisiones, no olvidaremos las equivocaciones pasadas.

La actitud es el factor determinante respecto a si nuestros fracasos nos fortalecen o nos destruyen. La persistencia de una persona que se topa con un fracaso es una señal de una actitud saludable. ¡Los ganadores no renuncian! El fracaso se vuelve devastador y hace que nuestra actitud se estrelle, cuando renunciamos. Aceptar el fracaso como final es ser finalmente un fracaso.

—————— Aplicación de actitud: ——————

Lea estos pensamientos fortalecedores en cuanto a cómo tratar con el fracaso. Escríbalos en una tarjeta de 3 x 5 pulgadas y téngalos a la mano para que los pueda leer a menudo.

El hombre que nunca cometió una equivocación, nunca hizo nada.

Fracasos, repetidos fracasos, son las huellas que hay en el camino hacia el éxito.

Es imposible triunfar sin sufrir.

La actitud es el factor determinante en cuanto a si nuestros fracasos nos edifican o nos aplastan.

Aceptar el fracaso como final es ser finalmente un fracaso.

El miedo al desaliento

La segunda tormenta dentro de nosotros que puede provocar que nuestra actitud se estrelle es *el miedo al desaliento*.

Elías es uno de mis personajes favoritos de la Biblia. Nunca un hombre de Dios tuvo un momento de mayor alegría que el que tuvo en el Monte Carmelo. Persistencia, fe, poder, obediencia y oración efectiva caracterizaron a Elías cuando estaba frente a los adoradores de Baal. Pero esa victoria de 1 Reyes 18 fue seguida por el desaliento de 1 Reyes 19. Su actitud cambió de persistencia delante de Dios a inculpar a Dios por sus problemas. El temor reemplazó a la fe. El poder desapareció frente a la lástima, y la desobediencia reemplazó a la obediencia. ¡Cuán rápidamente cambian las cosas! ¿Le parece esto familiar? Lea 1 Reyes 19 y descubra cuatro pensamientos sobre el desaliento:

Primero, el desaliento lastima nuestra imagen.

Y él se fue por el desierto un día de camino, y vino y se sentó debajo de un enebro; y deseando morirse, dijo: Basta ya, oh Jehová, quítame la vida, pues no soy yo mejor que mis padres. (v. 4)

El desaliento nos hace vernos menos de lo que somos. Esto llega a ser más grave cuando nos damos cuenta que no podemos actuar coherentemente de una manera incongruente con la forma en que nos vemos a nosotros mismos.

Segundo, el desaliento nos hace evadir nuestras responsabilidades:

Y allí se metió en una cueva donde pasó la noche. Y vino a él palabra de Jehová, el cual le dijo: ¿Qué haces aquí Elías? (v. 9)

Los Elías de la vida se forman en los montes Carmelos, no en las cuevas. La fe nos hace ministrar. El temor nos trae solamente miseria.

Tercero, el desaliento nos hace culpar a otros por nuestros apuros:

Él respondió: He sentido un vivo celo por Jehová Dios de los ejércitos; porque los hijos de Israel han dejado tu pacto, han derribado tus altares, y han matado a espada a tus profetas; y sólo yo he quedado, y me buscan para quitarme la vida. (v. 10)

Cuarto, el desaliento empaña los hechos:

Y yo haré que queden en Israel siete mil, cuyas rodillas no se doblaron ante Baal, y cuyas bocas no lo besaron. (v. 18)

De uno a siete mil. No hay duda: el desaliento había significado un número en este gran profeta. Y si eso sucede a los grandes hombres, ¿qué podemos pensar de nosotros? El desaliento es contagioso.

Todos estamos sujetos a las corrientes de desaliento que pueden arrastrarnos hasta una zona peligrosa. Si conocemos las causas del desaliento, podemos evitarlo con más facilidad. El desaliento viene *cuando nosotros*:

1. SENTIMOS QUE LA OPORTUNIDAD DE TRIUNFAR SE HA IDO

La prueba del carácter es ver qué es lo que le puede detener. Necesitamos el espíritu del muchacho de las ligas menores. Un hombre que se detuvo para ver un juego de béisbol de las ligas menores, preguntó a uno de los muchachos cuál era el marcador.

—Estamos menos de dieciocho a cero —fue la respuesta.

—¿Desanimarnos? —preguntó el muchacho—. ¿Por qué habríamos de desanimarnos? Todavía no hemos comenzado a batear.

2. NOS VOLVEMOS EGOÍSTAS

Por lo general, las personas desalentadas piensan mucho en una sola cosa: en ellos mismos.

3. NO TENEMOS ÉXITO EN NUESTROS INTENTOS DE HACER ALGO

Un estudio conducido por la National Retail Dry Goods Association [Asociación nacional de productos textiles de por menor] señala que los primeros intentos sin éxito llevan a casi la mitad de los vendedores a cierto fracaso. Ponga atención:

48% de los vendedores hacen una llamada y desisten.
25% de los vendedores hacen dos llamadas y desisten.

15% de todos los vendedores hacen tres llamadas y desisten.

12% de todos los vendedores insisten e insisten e insisten e insisten.

Ellos hacen 80% de todas las ventas.

Conquistamos por la persistencia.

4. CARECEMOS DE PROPÓSITO Y PLANIFICACIÓN

Otra característica del desaliento es la inactividad. Rara vez ve usted a una persona desalentada corriendo y tratando de ayudar a otros. Cuando usted está desalentado tiende a apartarse. Muchas veces el desaliento viene luego de una victoria. Ese fue el caso de Elías. Tal vez necesitaba otro monte Carmelo para levantar su espíritu. Cuando carecemos de propósito carecemos de realización.

Quizás ahora mismo usted se sienta totalmente desalentado, creyendo que es muy poco lo que puede hacer para vencer los sentimientos de frustración e inutilidad. Pero hay algunos pasos que puede dar para salir de esa postración.

1. ACCIÓN POSITIVA

Enfrente el problema. Cuando se sienta desalentado, actúe. Nada nos libra del desaliento más rápidamente, que dar pasos positivos hacia la solución del problema.

2. PENSAMIENTO POSITIVO

Hace unos años leí una breve pero estimulante biografía de Thomas Edison escrita por su hijo. ¡Qué personaje tan sorprendente! Gracias a su genio disfrutamos del micrófono, el fonógrafo, la luz incandescente, la batería de placas, las películas habladas y más de mil otras invenciones. Pero tras todo eso había un hombre que rehusaba desanimarse. Su optimismo contagioso influyó en todos cuantos le rodeaban.

Su hijo recuerda una fría noche de diciembre en 1914. Experimentos infructuosos con la batería de placas alcalinas de hierro y níquel, un proyecto en el que trabajó diez años, habían puesto a Edison en la cuerda floja, económicamente. Estaba solvente solo por las ganancias provenientes de la producción de películas y discos.

En esa noche de diciembre, el grito de «¡Fuego!» se escuchó por toda la planta. El fuego había brotado en el cuarto de películas. En pocos minutos, todos los componentes almacenados, celuloide para discos y películas y otros artículos inflamables, ardían. Acudieron compañías de bomberos de ocho pueblos cercanos, pero el calor era tan intenso y la presión del agua tan baja que los intentos por dominar las llamas fueron inútiles. Todo se destruyó.

Al no encontrar a su padre el hijo se preocupó. ¿Estaba a salvo? Con todos sus bienes destruidos, ¿cómo estaba su espíritu? Entonces vio a su padre que corría hacia él.

«¿Dónde está mamá?», gritó el inventor. «¡Búscala, hijo!, ¡dile que venga y reúna a todos los amigos! ¡Nunca más verán un incendio como este!».

En la madrugada, mucho antes del amanecer, con el fuego ya bajo control, Edison reunió a sus empleados y les hizo un anuncio increíble: «¡Reconstruiremos!».

Dirigiéndose a uno de sus hombres, le dijo que alquilara toda la maquinaria que encontrara en el área. A otro le dijo que consiguiera una grúa en la Erie Railroad Company. Luego, como si se le ocurriera de pronto, añadió: «Oh, a propósito, ¿alguno de ustedes sabe dónde podemos conseguir dinero?».

Más tarde, explicó: «Siempre podemos sacar ventaja de un desastre. Lo que ha pasado es que limpiamos un poco de cosas viejas. Ahora construiremos algo más grande y mejor sobre las ruinas». Después de un momento, bostezó, enrolló su saco para que le sirviera de almohada, se acurrucó sobre una mesa e inmediatamente se quedó dormido.[1]

3. Ejemplo positivo

Sucedió en Asia del suroeste en el siglo XIV. El ejército del conquistador asiático, Emperador Tamerlane (descendiente de Gengis Khan), había sido derrotado y dispersado por un poderoso enemigo. El mismo Tamerlane estaba escondido en un pesebre abandonado mientras las tropas enemigas recorrían la comarca.

Estando allí, desesperado y vencido, Tamerlane observó a una hormiga tratando de llevar un grano de maíz por una pared perpendicular. El grano era más grande que la hormiga. El emperador contó sesenta y nueve intentos de la hormiga por llevar el granito. Sesenta y nueve veces se le cayó, pero en la número setenta logró empujar el maíz por la pared.

Tamerlane se puso de pie de un salto y gritó. ¡Él también triunfaría al fin! Y así fue. Reorganizó sus fuerzas y puso al enemigo en fuga.

4. Persistencia positiva

Demasiadas veces nos desanimamos, y aceptamos la derrota. Uno de los más famosos caballos de carreras de todos los tiempos fue Man o' War. Cuando tenía dos años, Man o' War [Hombre guerrero] ganó seis carreras consecutivas. Luego, en 1919, el campeón encontró un contendiente llamado Upset [Derrota sorpresiva]. Por primera vez en su vida, Man o' War atravesó la línea de llegada luego de otro caballo.

Como sucede comúnmente cuando un campeón es derrotado, hay circunstancias que son las que provocan la situación. En esta ocasión, un asistente que trabajaba en la puerta de partida demoró cinco minutos el levantamiento de la barrera. El campeón, muy nervioso danzaba y sacudía la cabeza y cuando repentinamente se levantó la barrera, el gran caballo rojo arrancó oblicuamente, colocándose en quinto lugar en una carrera de siete caballos.

Un campeón no se da por vencido fácilmente, y Man o' War no era la excepción. Hizo un esfuerzo valiente para cerrar la brecha. Con dos o tres segundos más, Man o' War hubiera sido un claro ganador. Pero Upset ganó la carrera por el más estrecho margen posible.

Cuando lea sobre este incidente, desearía que el trastorno causado por Upset nunca hubiera sucedido.

Deseará también que los trastornos sufridos por algunas personas grandes nunca hubieran sucedido. Abraham falló en una hora de emergencia, y en su debilidad dejó que un rey pensara que Sara, su esposa, era su hermana. Jacob engañó a su hermano y le quitó los derechos de primogenitura; Moisés perdió, por su impaciencia, el derecho de entrar en la tierra prometida; y David, el hombre «según el corazón de Dios» (1 Samuel 13.14), manchó su nombre con adulterio y asesinato. Elías también estuvo trastornado y oró pidiendo su muerte.

Pero, y esto es lo más importante de todo, todos estos hombres, después de estas tragedias, siguieron adelante y ganaron grandes victorias (así pasó con Man o' War un año después, cuando derrotó a Upset).

¿Ha sufrido una derrota o desaliento últimamente? Depende de usted decidir cómo tratará las derrotas de la vida. Nadie va por la vida sin encontrar derrotas de vez en cuando. Cuando eso le suceda a usted, ¡no desmaye! El misionero E. Stanley Jones decía que había adoptado este lema para su vida: «Cuando la vida te dé una patada, ¡que esa patada te lance hacia adelante!». ¡Una solución sabia! Cualquiera puede comenzar, pero solamente alguien de buena estirpe puede terminar.

——— Aplicación de actitud: ———

Hace mucho tiempo, Harold Sherman escribió un libro titulado *How to Turn Failure into Success* [Cómo convertir el fracaso en éxito],[2] en el que da un «Código de Persistencia». Si usted se da por vencido muy fácilmente escriba lo que está a continuación y léalo a diario:

1. Nunca me daré por vencido mientras sepa que tengo la razón.
2. Creo que todas las cosas obrarán a mi favor si me sostengo hasta el final.
3. Tendré ánimo y no desmayaré frente a las probabilidades.
4. No permitiré que nadie me intimide ni me separe de mis metas.
5. Lucharé para vencer todos los impedimentos físicos y las contrariedades.
6. Trataré una y otra vez, y todavía una vez más para realizar lo que quiero.
7. Obtendré fe y fortaleza al saber que todos los hombres y mujeres con éxito lucharon contra la derrota y la adversidad.
8. Nunca me rendiré al desaliento o la desesperación no importa con qué obstáculos aparentes me enfrente.

La lucha del pecado

La tercera tormenta que sopla dentro de nosotros y hace perder la altura a nuestra actitud hasta que se estrella es: *la lucha del pecado*.

Porque lo que hago, no lo entiendo; pues no hago lo que quiero, sino lo que aborrezco, eso hago. Y si lo que no quiero, esto hago, apruebo que la ley es buena. De manera que ya no soy yo quien hace aquello, sino el pecado que mora en mí. Y yo sé que en mí, esto es, en mi carne, no mora el bien; porque el querer el bien está en mí, pero no el hacerlo. Porque no hago el bien que quiero, sino el mal que no quiero, eso hago. Y si hago lo que no quiero, ya no lo hago yo, sino el pecado que mora en mí. Así que, queriendo yo hacer el bien, hallo esta ley: que el mal está en mí. Porque según el hombre interior, me deleito en la ley de Dios; pero veo otra ley en mis miembros, que se rebela contra la ley de mi mente, y que me lleva cautivo a la ley del pecado que está en mis miembros. ¡Miserable de mí! ¿Quién me librará de este cuerpo de muerte? Gracias doy a Dios, por Jesucristo Señor nuestro. Así que, yo mismo con la mente sirvo a la ley de Dios, mas con la carne a la ley del pecado. (Romanos 7.15–25)

Pablo no es un jugador de golf que describe un juego intrascendente. Escribe sobre el conflicto de dos naturalezas dentro de él. Una dice: «Haz lo bueno», mientras la otra le arrastra hacia abajo.

Un cristiano recién convertido me contaba la frustración que sentía por no hacer siempre lo que era correcto y lo que él quería hacer. Este hombre disciplinado me preguntó: «Pastor, ¿entiende cómo me siento?». Le dije: «Sí, Pablo se sentía igual». Busqué Romanos 7 y leí. Me interrumpió y me preguntó: «¿Dónde está ese pasaje? Necesito leerlo de nuevo».

Espero que haya leído también Romanos 8 donde Pablo habla de liberación. «Ahora, pues, ninguna condenación hay para los que están en Cristo Jesús, los que no andan conforme a la carne, sino conforme al Espíritu» (v. 1).

Susanna Wesley, madre de John y Charles, dijo esta impactante verdad: «Lo que sea que debilite tu razón, endurezca la sensibilidad de tu conciencia, oscurezca tu sentido de Dios, o te quite el gusto por las cosas espirituales, es pecado».

Su actitud comienza a vacilar cuando el pecado entra en su vida. Una naturaleza mezquina, dura y carnal nos invade, como resultado del pecado. Al principio es atractivo, luego aterrador;

al principio es fascinante, luego alienante; al principio engaña, luego condena; promete vida y produce muerte; es lo más decepcionante del mundo.

Entender el problema es un buen primer paso para corregir su perspectiva. Si su actitud está en peligro de estrellarse, revise los indicadores internos. Vea si teme al fracaso, o al desaliento o a contender con el pecado.

10

Cuando nos estrellamos
por fuera

Los problemas internos no son solo las cosas que dañan
nuestra perspectiva. Nuestra actitud se estrella cuando las
tormentas alrededor nuestro comienzan a cobrar su precio. He
señalado cuatro de estas causas externas.

La cercanía de la crítica

Llamo a la primera la *cercanía de la crítica*.

Utilizo la palabra *cercanía* porque la crítica que hiere llega
siempre cerca a donde estamos o a lo que amamos. La crítica
de los demás es como tener a alguien «caminando con nuestros
zapatos azules de gamuza».

Cuando, hablando sobre esto, muchas veces pregunto a la audiencia si recuerdan alguna crítica que afectó mucho sus vidas, casi siempre recibo un unánime «sí».

Yo también he oído muchas críticas. Crecí en una denominación que daba un alto sitial a los pastores que recibían anualmente un voto unánime de confianza de sus congregaciones. Las conversaciones durante las conferencias de verano de las iglesias, giraban alrededor de los recientes votos. Este énfasis estaba fuertemente sembrado en mi mente, y mi oración durante mi primer pastoreo era: «Oh, Señor, ayúdame a agradar a todos». (Esa es definitivamente una oración para el fracaso.)

Hice lo mejor. Besé a los niños, visité a los ancianos, casé a los jóvenes, enterré a los muertos, hice todo lo que pensaba que debía hacer. Finalmente el voto anual debía basarse en mi desempeño. Quince años más tarde, todavía recuerdo los resultados. Treinta y uno sí, un no, y una abstención. ¿Qué iba a hacer? No agradé a todos. Corrí al teléfono y llamé a mi padre en busca de consejo. Afortunadamente me aseguró que la iglesia pasaría la «crisis». Por desgracia, seis meses después seguía preguntándome quién votó «no».

De esa primera experiencia pastoral aprendí el efecto negativo que la crítica puede tener en un joven líder eclesiástico. Una persona aceptando su llamamiento con un sueño, puede estrellarse fácilmente, a menos que entienda que el mejor fruto es el que se comen los pájaros.

Jesús, que era perfecto en amor y motivos, fue criticado e incomprendido continuamente. La gente:

- lo llamó glotón (Mateo 11.9)
- lo llamó borracho (Lucas 7.34)
- lo criticó por asociarse con pecadores (Mateo 9.11)
- lo acusó de ser samaritano y de tener un demonio (Juan 8.48)

A pesar de haber soportado la incomprensión, la ingratitud y el rechazo, nuestro Señor nunca estuvo amargado, desalentado o derrotado. Cada obstáculo era una oportunidad para Él. ¿Quebrantamiento de corazón? Era una oportunidad para consolar. ¿Enfermedad? Era una oportunidad para sanar. ¿Tentación? Era una oportunidad para vencer. ¿Pecado? Era una oportunidad para perdonar. Jesús cambió las tribulaciones en triunfos.

Nos herimos nosotros mismos cuando nuestra reacción hacia los que nos critican se vuelve negativa. Cuando surgen tales sentimientos, es importante leer las enseñanzas de Jesús:

> Oísteis que fue dicho: Amarás a tu prójimo y aborrecerás a tu enemigo. Pero yo os digo: Amad a vuestros enemigos, bendecid a los que os maldicen, haced bien a los que os aborrecen, y orad por los que os ultrajan y os persiguen; para que seáis hijos de vuestro Padre que está en los cielos, que hace salir su sol sobre justos e injustos, y que hace llover sobre justos e injustos. Porque si amáis a los que os aman, ¿qué recompensa tendréis? ¿No hacen también lo mismo los publicanos? Y si saludáis a vuestros hermanos solamente, ¿qué hacéis de más? ¿No hacen también así los gentiles? Sed, pues, vosotros perfectos, como vuestro Padre que está en los cielos es perfecto. (Mateo 5.43–48)

Aplicación de actitud:

He aquí algunas maneras de impedir que la crítica sabotee su actitud:

1. Siempre que sea posible, evite a las personas que le deprimen. La gente pequeña trata de derribarle, pero la gente grande le hace sentir valioso.

2. Pregúntese: ¿qué es lo que más me molesta cuando soy criticado? ¿Quién lo dice? ¿Por qué lo dice? ¿Con qué actitud lo dijo? ¿Dónde lo dice? La crítica que viene de diferentes personas ¿es sobre el mismo asunto? ¿Es válida? Si es así, ¿estoy haciendo algo al respecto?

3. Busque a un amigo que tenga el don del estímulo. Vaya donde él, y reciba de su don. Pero nunca reciba su apoyo sin utilizar sus dones para ministrarle a cambio.

LA PRESENCIA DE LOS PROBLEMAS

La segunda tormenta es la *presencia de los problemas.*

La vida está llena de problemas así y haríamos muy bien en estar preparados para ellos. No hay tal lugar libre de problemas, y no hay tal persona que no conozca los problemas. ¡Y los cristianos no son una excepción!

Es mi responsabilidad y privilegio discipular a los principales líderes de mi congregación. Pocos años atrás estudié 2 Timoteo en una serie que titulé: «Un receso para Timoteo». Uno de los temas era «Persecución del líder cristiano». Y este era el pensamiento central: «Todos los que quieran practicar vidas piadosas en Cristo Jesús serán perseguidos». El asunto principal tratado en el estudio era: «¿Puede usted nombrar a un personaje de la Biblia, grandemente usado por Dios, que no soportó tribulaciones?». Inténtelo. Casi sin excepción, las personas de quienes leemos en la Palabra de Dios encontraron problemas.

> Cuando Noé navegó el mar azul
> tuvo problemas igual que tú;
> cuarenta días buscó un lugar
> antes de hacer la barca descansar.

A veces, nos encontramos «inundados» de problemas. Tal vez sea el número de las dificultades, más que el tamaño de las mismas, lo que nos aplasta. Todos tenemos momentos cuando «mordemos más de lo que podemos masticar».

Cuando nuestra actitud se estrella, tenemos dos alternativas: podemos, o cambiar la dificultad, o cambiarnos a nosotros mismos. Lo que se pueda cambiar, para lo mejor, debe ser cambiado. Cuando eso es imposible, debemos ajustarnos a las circunstancias de una manera positiva.

Antes de los días de los antibióticos, Robert Louis Stevenson, el gran novelista escocés, autor de *La isla del tesoro*, estuvo postrado en cama con tuberculosis por mucho tiempo. Pero la enfermedad nunca disminuyó su optimismo. Una vez, cuando su esposa le oyó toser muy malamente, le dijo: «Espero que todavía creas que es un día maravilloso».

Stevenson miró los rayos del sol reflejándose en las paredes de su dormitorio, y contestó: «Lo creo. Nunca permitiré que una hilera de frascos de medicamentos bloquee mi horizonte».[1]

El apóstol Pablo tenía la misma actitud. Dijo:

Estamos atribulados en todo, mas no angustiados; en apuros, mas no desesperados; perseguidos, mas no desamparados; derribados, pero no destruidos. (2 Corintios 4.8–9)

─────── ## Aplicación de actitud: ───────

¿Qué son los problemas?

Los que predicen: ayudan a moldear nuestro futuro.

Los que recuerdan: no somos suficientes. Necesitamos que Dios y los demás nos ayuden.

Son oportunidades: nos sacan de la rutina y nos hacen pensar creativamente.

Son bendiciones: nos abren puertas por las que, por lo general, no hubiéramos pasado.

Son lecciones: cada nuevo reto será un maestro para nosotros.

Están en todas partes: ningún lugar o persona está excluido de ellos.

Son mensajes: nos advierten sobre desastres potenciales.

Son solucionables: ningún problema es sin solución.

EL CONFLICTO DEL CAMBIO

La tercera conducta externa que hace caer nuestra actitud es *el conflicto del cambio.*

No resistimos a nada tanto como al cambio. Muchas veces disfrutamos la recompensa del cambio, pero resistimos su proceso. Somos criaturas de hábito. Primero los formamos, luego nuestros hábitos nos forman. Somos lo que hacemos repetidamente. Es fácil ver nuestro mundo solamente desde nuestra perspectiva. Cuando eso ocurre nos estancamos y estrechamos.

Lea las siguientes oraciones. Una es verdadera, la otra no.

«El cambio trae crecimiento».

«El crecimiento trae cambio»

La primera oración: «El cambio trae crecimiento», es verdadera solamente si su actitud es correcta. Teniendo la actitud adecuada, todo cambio, sea positivo o negativo, será una experiencia de aprendizaje que resultará en una experiencia de crecimiento. Nuestra incapacidad para controlar las situaciones cambiantes ha sido la causa para que muchas actitudes se estrellen. Pero esto no tiene que ser así. En una Navidad fui por todas las dependencias de Skyline deseando a todos felicidades. Me acerqué a una de las secretarias voluntarias y le pregunté: «¿Está lista para la Navidad?». Con una sonrisa me contestó: «Casi. Me falta un osito más que rellenar». Pensando que estaba haciendo osos para sus nietos, le pregunté: «¿Cuántos nietos tiene?». «Ninguno», me contestó, «pero no importa, fui a mi vecindario y adopté algunos. Pensé que si voy a tener una familia en Navidad, ¡es mejor que la forme!».

Entonces me explicó algo sobre los problemas que había tenido con su propia familia. Mientras más me contaba, más sentía que esta notable señora no quería ahogarse en el estanque de compasión en el que muchos se hunden. Para ella, las navidades serían hermosas y no solitarias, solo porque no permitía que su actitud se estrellara contra cosas que no podía controlar.

Lamentablemente, muchos son como el anciano en Maine del norte que había pasado los cien años. Un periodista de Nueva York que le hizo una entrevista, comentó: «Apostaría que ha visto muchos cambios en sus cien años».

El viejo cruzó sus brazos, proyectó su quijada y replicó con indignación: «Sí, ¡y he envejecido con cada uno de ellos!».

He pasado mucho tiempo observando por qué y cuándo la gente se resiste al cambio. Algunos se esfuerzan hasta que logran la comodidad, entonces se quedan allí y no quieren crecer. Para muchos, una experiencia negativa les ha hecho retroceder y decir «nunca más».

Si solo supieran cuán enfermiza es una actitud así.

El cambio es esencial para crecer. Un famoso inventor dijo una vez: «El mundo odia el cambio, sin embargo, es lo único que ha traído progreso». Aun cuando la gente se dé cuenta que el cambio es inevitable, responde de manera diferente a sus retos. Algunos se meten en sus refugios emocionales y espirituales y rehúsan ser parte de la acción. Un miembro de una iglesia le dijo a su pastor: «¡Es un alivio venir a una iglesia en donde nada ha cambiado en treinta años!». Mi corazón sangra por ese pastor.

Por otra parte están los que van al otro extremo y cambian con todo viento que sopla. Saltan de vagón en vagón y, están siempre buscando algo nuevo. Entierran los viejos himnos, las formas tradicionales de oración son hechas a un lado, y aun la terminología tradicional es reemplazada por una jerga que deja al pobre adorador preguntándose si Dios entiende lo que está pasando.

Sin embargo, el cambio correcto nos fortalece. Moisés usa esta ilustración en Deuteronomio 32.11 cuando describe a la madre águila obligando a su aguilucho a abandonar el nido y volar. El aguilucho quiere permanecer en el nido y ser alimentado, pero si permanece, nunca usará sus grandes alas para disfrutar de las grandes alturas para las que fue creado. De manera que su madre tiene que sacarlo del nido, atraparlo sobre sus alas cuando cae demasiado lejos y repetir el proceso hasta que aprende a volar por su cuenta.

A usted y a mí nos gustan nuestros niditos. Hemos trabajado mucho para construirlos. Esto explica por qué nos resentimos cuando Dios sacude el nido. Dios quiere que crezcamos. Las almas tímidas oran: «¡Quién me diese alas como de paloma! Volaría yo, y descansaría» (Salmos 55.6). Pero el valiente debe reclamar el cumplimiento de Isaías 40.31 «Levantarán alas como las águilas» ¡justo frente al viento! No todo el que envejece crece, y los que no crecen son casi siempre los que han eludido el reto del cambio.

LA NOCHE DEL NEGATIVISMO

La cuarta tormenta que causa la mayoría de las desgracias con la actitud, es lo que llamo la *noche del negativismo*.

Nuestros pensamientos gobiernan nuestras acciones. Eso es un hecho. En Mateo 15.19, el Señor dijo: «Porque del corazón salen los malos pensamientos, los homicidios, los adulterios, las fornicaciones, los hurtos, los falsos testimonios, las blasfemias». La pregunta es: «¿Somos gobernados por pensamientos positivos o negativos?». Así como los pensamientos negativos producen acciones negativas, los pensamientos positivos producen acciones positivas. Ahora estamos donde estamos y somos lo que somos por los pensamientos que dominaron nuestras mentes.

Nuestro reto es pensar bien en un mundo negativo.Pensar y vivir negativamente hace muchas cosas perjudiciales a nuestra vida. Veamos algunas de ellas.

1. El pensamiento negativo pone nubarrones en los tiempos en que debemos tomar decisiones importantes

Estamos tensos en vez de relajados. Presentar un examen es un ejemplo de esto. Un comentario que se oye a menudo en los repasos es: «Espero que no me hagan esta pregunta. Estoy seguro de que no podría contestarla». Comienza el examen y como se esperaba, allí está la pregunta, seguida del resultado que se esperaba. ¿Accidente? No. Profecía cumplida. Se sintió negativo frente a la pregunta, declaró su temor y respondió de acuerdo a eso. La próxima vez que estudie para un examen dígase: «Si habrá un momento en que recuerde mejor esta pregunta, será cuando rinda mi examen».

2. La conversación negativa es contagiosa

Un hombre que vivía a un lado de la carretera y vendía «perros calientes» era un poco sordo, así que no tenía radio. Tenía un problema con sus ojos, por tanto no leía los periódicos. Pero vendía muy bien sus «perros calientes». Había puesto letreros en la carretera anunciándolos. Se paraba a un lado del camino y gritaba: «¡Compren perros calientes!». Y la gente compraba sus perros calientes. Aumentó sus órdenes de carne y pan, compró una estufa más grande para atender mejor su negocio, y todo iba muy bien.

Un día, su hijo volvió a casa luego de los estudios universitarios. El hombre lo tuvo finalmente con él para que lo ayudara. Pero entonces sucedió algo: «Padre, ¿no has oído la radio?», le preguntó el hijo. «¿No has leído los periódicos? Hay una gran recesión. La situación europea es terrible. La situación nacional es peor».

Entonces el padre pensó: *Bueno, mi hijo ha estado en la universidad, lee los periódicos y escucha la radio, y debe saber.*

Así que el padre suspendió sus órdenes de carne y pan, retiró los letreros y ya no se preocupó de estar al borde de la carretera vendiendo sus perros calientes. Sus ventas se fueron abajo de la noche a la mañana.

«Tienes razón hijo», dijo el padre al muchacho. «Ciertamente que estamos en medio de una gran recesión».

¿Ha cambiado sus acciones la actitud negativa de alguien?

3. EL PENSAMIENTO NEGATIVO SACA TODO FUERA DE PROPORCIÓN

Algunas personas tratan el problema de un techo con goteras como si fuera un huracán. Todo es un proyecto grande. Encuentran un problema en cada solución.

La Ley de Murphy dice: «Nada es tan fácil como parece; todo lleva más tiempo de lo que usted espera; si algo puede salir mal, saldrá, y en el peor momento posible».

La Ley de Maxwell dice: «Nada es tan difícil como parece; todo es más gratificante de lo que espera; si algo puede salir bien, saldrá, y en el mejor momento posible».

4. EL PENSAMIENTO NEGATIVO LIMITA A DIOS Y A NUESTRO POTENCIAL

Una de las historias más tristes de la Biblia es la del fracaso de Israel para entrar en la tierra prometida, como se cuenta en Números 13 y 14. Es un ejemplo clásico de cómo un informe negativo puede limitar a Dios y a los demás.

Doce espías fueron a Canaán bajo las mismas órdenes, a los mismos lugares, en el mismo tiempo y volvieron con diferente opinión. Para Josué y Caleb la tierra prometida era todo lo que Dios dijo que sería. Ellos informaron: «Ciertamente fluye leche y miel; y este es el fruto de ella» (Números 13.27).

Los otros diez hombres entregaron un informe negativo. En los versículos 28 y 29 del capítulo 13, informaron hechos sin fe.

> Mas el pueblo que habita aquella tierra es fuerte, y las ciudades muy grandes y fortificadas; y también vimos allí a los hijos de Anac. Amalec habita el Neguev, y el heteo, el jebuseo y el amorreo habitan en el monte, y el cananeo habita junto al mar, y a la ribera del Jordán.

En el versículo 31 vemos que tenían metas sin Dios: «Mas los varones que subieron con él, dijeron: No podremos subir contra aquel pueblo, porque es más fuerte que nosotros».

Los versículos 32 y 33 nos dicen que continuaron con exageración y sin valor:

> Y hablaron mal entre los hijos de Israel, de la tierra que habían reconocido, diciendo: La tierra por donde pasamos para reconocerla, es tierra que traga a sus moradores; y todo el pueblo que vimos en medio de ella son hombres de grande estatura. También vimos allí gigantes, hijos de Anac, raza de los gigantes, y éramos nosotros, a nuestro parecer, como langostas; y así les parecíamos a ellos.

¿Cuál fue el resultado?

> Entonces toda la congregación gritó, y dio voces; y el pueblo lloró aquella noche. Y se quejaron contra Moisés y contra Aarón todos los hijos de Israel; y les dijo toda la multitud: «¡Ojalá muriéramos en la tierra de Egipto; o en este desierto

ojalá muriéramos! ¿Y por qué nos trae Jehová a esta tierra para caer a espada, y que nuestras mujeres y nuestros niños sean por presa? ¿No nos sería mejor volver a Egipto? Y decían el uno al otro: Designemos un capitán, y volvámonos a Egipto. (Números 14.1–4)

Se contentaron con lo que no era lo mejor.

5. El pensamiento negativo nos impide disfrutar la vida

Una persona negativa no espera nada más de una bandeja de plata sino que se manche. Si tiene un vecino negativo, pídale prestada una taza de azúcar. Él nunca espera que se la devuelvan. Chisolm, un pensador, dijo: «Cuando las cosas parecen que van a mejorar, usted ha pasado por alto algo».

6. El pensamiento negativo impide a los demás dar una respuesta positiva

Este es probablemente el peligro más grande de una vida negativa. Tiende a controlar a quienes usted ama y en quienes influye más.

Aun la respuesta a una pregunta depende en mucho de cómo usted la haga. Como los vendedores de experiencia lo saben, las preguntas hechas de una manera positiva o negativa, casi siempre provocan una respuesta de acuerdo.

Un estudiante de psicología entró en el ejército decidido a probar esta teoría. Le asignaron entregar albaricoques al final de la línea de comida.

«¿No quiere albaricoques, verdad?», preguntó a los primeros hombres, el noventa por ciento dijo: «No».

Entonces probó el método positivo: «¿Quiere algunos albaricoques, verdad?». Casi la mitad respondió: «Este... sí... Tomaré unos cuantos».

Luego probó un tercer método basado en la técnica fundamental de «o, o». «¿Un plato de albaricoques, o dos?», preguntó. Y pese a que a la mayoría de los soldados no les gustan los albaricoques del ejército, el cuarenta por ciento tomó dos platos y el cincuenta por ciento tomó uno.

El tipo más común de negativismo que estorba a los demás, se caracteriza por lo que llamo una declaración de «mundo plano». Es una afirmación sincera condicionada por la educación y la experiencia que se ha tenido en el pasado. No es verdad y sin embargo se acepta como un hecho, y por ella se dirige el pensamiento y las acciones de muchas personas.

La historia está llena de ejemplos de expertos que dijeron positivamente que las cosas no podían hacerse, y se les probó que estaban equivocados. Durante los primeros años de 1900, una impresionante corriente de afirmaciones científicas ridiculizó la idea del avión. Absurdo y sin sentido, decían. Una fantasía inducida por el opio. Una idea chiflada.

Uno de los periodistas científicos más influyentes de Estados Unidos se apresuró a decir: «Se está desperdiciando tiempo y dinero en los experimentos de aviación».

Una semana más tarde, en un campo lleno de baches en Kitty Hawk, Carolina del Norte, los hermanos Wright pusieron su idea chiflada a la cabecera de una pista hecha a mano y lanzaron a la humanidad al aire.

Aun después de eso, los expertos continuaban sin creer en el aeroplano.

El mariscal Foch, comandante supremo de las fuerzas aliadas en Francia durante la primera guerra mundial, observó una demostración y dijo: «Está muy bien para deporte, pero no es de ninguna utilidad para el ejército».

Thomas Edison consta en la historia como uno que dijo que las películas habladas no tendrían éxito. «Nadie», dijo, «pagaría para escuchar sonidos que vienen de una pantalla».

Él también trató de persuadir a Henry Ford para que abandonara su trabajo sobre la peregrina idea de un motor para automóvil. Edison, persistente en sus propias empresas, dijo al joven Ford: «Eso no tiene ningún valor. Ven y trabaja para mí y haz algo de verdadero valor».

Los expertos le dijeron a Benjamín Franklin que dejara todos esos tontos experimentos con la luz. Era un desperdicio de tiempo, dijeron.

Ahora, todavía tenemos dificultades con la gente del «mundo plano». Muchas de nuestras suposiciones aceptadas tienen la tendencia a entorpecer la creatividad y la realización de nuestro verdadero potencial.

Para cristalizar nuestro entendimiento de esta sutil forma de negativismo, enumero algunas afirmaciones de «mundo plano».

«Los líderes nacen, no se hacen».
«Los buenos terminan últimos».
«No es lo que usted sabe, sino a quien usted conoce».
«No se puede enseñar nuevas gracias a un perro viejo».

Cuando estamos condicionados a verdades conocidas y cerrados a nuevas posibilidades positivas, sucede lo siguiente:

Vemos lo que *esperamos* ver, no lo que *podemos* ver.
Oímos lo que *esperamos* oír, no lo que *podemos* oír.
Pensamos lo que esperamos pensar, no lo que podemos pensar.

———— Aplicación de actitud: ————

¿Cómo hacer de su «mundo plano» uno redondo?

1. Identifique la razón por la cual usted es una persona de «mundo plano».
2. Identifique las áreas en las que piensa como «mundo plano».
3. Identifique a las personas que pueden ayudarle a cambiar este limitante proceso de pensamiento.
4. Controle continuamente su progreso.
5. Lea y escuche libros y cintas positivos de ayuda personal.
6. Acepte muy pocas afirmaciones dogmáticas.
7. Coloque todas las afirmaciones hechas en su debido contexto.
8. Tome en cuenta la fuente de la afirmación.
9. Recuerde, la experiencia puede limitar su perspectiva antes que expandirla.
10. Lo que es posible no siempre se logra rápidamente ni siempre es respaldado con entusiasmo.

Pensamiento para concluir:

Una mentalidad de «mundo plano» nos permite dormir sobre ella.

Una mentalidad de «mundo redondo», nos mantiene moviéndonos alrededor de ella.

SECCIÓN IV

CAMBIE SU ACTITUD

11

Suba, suba y vuele lejos

Uno de los más grandes descubrimientos que hacemos, una de nuestras más grandes sorpresas, es encontrar que podemos hacer lo que temíamos que no podríamos. Los barrotes de la cárcel contra los que nos golpeamos están dentro de nosotros; nosotros los ponemos y nosotros podemos quitarlos.

Esa afirmación incluye algunas noticias buenas y otras malas. Las malas son que llevamos muchos de los problemas dentro de nosotros mismos. Las buenas son que comenzando hoy mismo podemos salir de la prisión de las malas actitudes y ser libres para gozar una vida útil.

Esta sección tiene por objeto establecer un proceso claro para ayudarle a superar su problema de actitud. Para que tenga éxito, debe entender estas verdades:

1. El proceso requiere mucha dedicación y trabajo para ser efectivo.

2. El proceso de cambio nunca es completo, por eso, una revisión constante de la sección IV asegurará mejores resultados.

3. Todas las excusas por las actitudes equivocadas deben eliminarse inmediatamente. Encare el cambio con la sinceridad y honestidad de la canción espiritual que dice: «Soy yo, soy yo, soy yo, oh Señor, el que necesito la oración».

4. Busque a un amigo ante el que pueda reportar su cambio de actitud.

5. Recuerde, mientras lee estas páginas puede cambiar cualquier actitud con la que no esté de acuerdo.

La actitud personal es mi principal énfasis en las conferencias que dicto por todo el mundo. La mayoría de las personas están muy cerca de ser las personas que Dios quiere que sean. Continuamente les digo a ellos y ahora a usted: «¡Usted es solamente una actitud que se manifiesta!». Mi más grande alegría es ayudar a cientos de personas a cambiar una actitud por el resto de sus vidas. En este capítulo incluyo un testimonio de un cambio de vida producido por un cambio de actitud, para que al leerlo se inspire. Lea esta historia y recuerde que esto le puede suceder a usted:

«Como el hombre piensa en su corazón, así es él» (Proverbios 23.7). Este versículo tiene especial significado para mí. He experimentado personalmente la influencia de las actitudes, porque mi pensamiento acerca de la vida ha producido dos hombres diferentes.

Mi conversión a Cristo fue el punto crucial para mí. Cambié de una persona con una actitud negativa a otra con una mentalidad positiva. La gente me ve como una persona muy positiva ahora, pero no me hubieran reconocido once años atrás. Mis actitudes han pasado por un proceso sanador, reorganizador y transformador.

Antes de ser cristiano, mi actitud fue moldeada por el mundo que me rodeaba. Mi pensamiento se conformó a los valores del mundo. Fui criado en un hogar destrozado y estaba saturado con la actitud de que la vida no era otra cosa sino una lucha constante para sobrevivir. Tenía una imagen propia negativa porque la gente significativa de mi vida (mi familia, mis compañeros, etc.) tenía imágenes propias negativas. La crítica y el pensamiento negativo moldeaban mi manera de vivir porque esas eran las actitudes de la gente que me rodeaba. Los obstáculos y los problemas nunca fueron vistos como oportunidades para el crecimiento. Los problemas eran maldiciones con las que se vivía y no bendiciones ocultas.

Sentí que la vida me había tratado mal. Estaba convencido de que tenía el peor lado en todo. Estaba centrado en mí mismo y buscaba solamente lo mío. Quería ver solo lo que podía obtener de la vida. Viviendo esta vida negativa no encontraba realización. La vida misma carecía de significado; siempre había una nube negra cerniéndose sobre ella.

La gente con la que me reunía, la literatura que leía, la música que escuchaba y mi falta de conocimiento de Dios, formaban mis actitudes de una manera nada positiva.

Cristo vino a mi vida en el momento preciso. Cuando estaba más desalentado que nunca, Él me hizo una nueva criatura. Me di cuenta que «Cristo en mí» significaba una transformación de mi mente. No llegué a ser una persona superpositiva de la noche a la mañana, pero de inmediato comencé a ver la vida de diferente manera.

Su Palabra dentro de mí, no el mundo alrededor mío, influyó en mi actitud. Tome la decisión gustosa de vivir por la Palabra de Dios. Tuve una batalla con los pensamientos negativos recurrentes, pero deseé de todo corazón ser diferente. Quise ser una persona positiva. Quise tener la mente de Cristo.

A medida que aprendía más de Cristo, sometido a su voluntad y siguiendo su dirección, mi amargura hacia la vida desapareció. La vida llegó a ser una bendición, no una carga. Estaba llena de oportunidades, no de obstáculos.

Me propuse ponerme en contacto con personas positivas, leí libros sobre el pensamiento positivo, escuché a gente positiva, me asocié con grupos positivos. Por favor, comprendan que estos cambios no fueron siempre fáciles. Tuve que batallar contra la vieja manera de pensar muchas veces, pero la gracia de Dios fue el factor clave para transformar mi actitud.

Ciertamente este hombre ha pasado por grandes cambios. Cada vez que leo su testimonio personal veo mucho crecimiento positivo en su vida. Felizmente es un amigo cercano y he podido ver el éxito de su nueva actitud positiva. Cuando el cambio es exitoso lo llamamos crecimiento.

La mayoría de las personas que tienen actitudes negativas no se dan cuenta que las actitudes no conocen barreras. Las únicas barreras que sujetan a nuestras actitudes son las que colocamos sobre ellas. Las actitudes, como la fe, la esperanza, y el amor, pueden pasar por encima de cualquier obstáculo. Entendiendo esta verdad, permítame animarlo a tomar el control de sus actitudes y comenzar los cambios necesarios.

12

La decisión está en usted

Somos los amos o las víctimas de nuestras actitudes. Es un asunto de decisión personal. Lo que ahora somos es el resultado de las decisiones tomadas ayer. Mañana seremos lo que decidamos ahora. Cambiar significa decidir cambiar.

Por favor, siga cuidadosamente el curso que trace para el cambio de su actitud. «Veinte millas» más adelante se alegrará de haberlo hecho. Solo usted puede determinar dar los pasos indicados en este capítulo. No son solamente los primeros pasos que se deben dar, sino que son los más importantes. Sin dar estos pasos, será imposible dar los demás.

Decisión #1—Evalúe sus actitudes actuales

Esto tomará algún tiempo. Si es posible, trate de separarse de sus actitudes. La meta de este ejercicio no es ver «lo malo que es usted», sino «la mala actitud» que le impide ser una persona más realizada. La evaluación le ayuda a hacer cambios importantes solamente cuando identifica el problema.

Los resultados son la única razón para la actividad. Se ha desarrollado el siguiente proceso de evaluación para ayudarle a buscar las respuestas correctas de la manera más eficiente.

Etapas de evaluación

1. Identifique el problema de los sentimientos: ¿qué actitudes le hacen sentirse más negativo respecto a sí mismo? Usualmente, los sentimientos se pueden identificar antes que el problema se aclare. Escríbalos.

2. Identifique el problema de la conducta: ¿qué actitud le causa la mayoría de los problemas al tratar con los demás? Escríbalos.

3. Identifique el problema del pensamiento: somos el resultado de nuestros pensamientos. «Como el hombre piensa dentro de sí mismo, así es él». ¿Qué clase de pensamientos controlan de continuo su mente? Aunque este es el paso inicial para corregir problemas de actitud, estos no son tan fáciles de identificar como los primeros dos.

4. Clarifique el pensamiento bíblico: ¿qué le enseñan las Escrituras acerca de usted como persona, y de sus actitudes? Más adelante, en esta sección, presentaré un punto de vista bíblico de las actitudes correctas.

5. Asegure el compromiso: «¿Qué debo cambiar?» se convierte en «Debo cambiar». Recuerde, la decisión

de cambiar es la única decisión que se debe hacer, y solamente usted puede hacerla.

6. Planifique y lleve a cabo su decisión: este es el proceso que la sección IV le ayuda a cumplir.

Sugerencia: esta evaluación tomará tiempo. Si tiene un amigo o amiga que lo conozca bien, tal vez debe tomar en cuenta su ayuda.

DECISIÓN #2—COMPRENDA QUE LA FE ES MÁS FUERTE QUE EL TEMOR

La única cosa que garantizará el éxito de una decisión dudosa es la fe desde el comienzo, en que usted puede hacerlo. Jesús dijo: «De cierto os digo, que si tuviereis fe, y no dudareis, no sólo haréis esto de la higuera, sino que si a este monte dijereis: Quítate y échate en el mar, será hecho» (Mateo 21.21).

Hay una manera bíblica de tratar el temor de manera que un esfuerzo tenga éxito y no esté limitado por él. La primitiva iglesia de los Hechos estaba experimentando un gran crecimiento. Sin embargo, en Hechos 4, los cristianos se enfrentaron con una tenaz oposición. Les ordenaron dejar de testificar o sufrirían severas consecuencias. Todos se retiraron a orar. Los versículos 29 al 31 registran un proceso que llevaron a cabo para tratar con su temor. Cuando tenga que enfrentarse con actitudes cambiantes, esta fórmula para contrarrestar el temor le será de mucha ayuda.

FÓRMULA DE CUATRO PASOS PARA TRATAR EL TEMOR

1. Entienda que Dios ve sus problemas

«Y ahora, Señor, mira sus amenazas...» (v. 29a).

Estos, que habían encontrado dificultades, querían tener la seguridad de que Dios había visto su persecución. Cuando las cosas van bien, no necesitamos la seguridad constante de que Dios está con nosotros. Pero durante la batalla (y usted tendrá batallas), hay una fuerte necesidad de seguridad. Las buenas noticias son que Dios mismo ha dicho: «No te desampararé, ni te dejaré» (Hebreos 13.5).

2. Pida una llenura de confianza y amor, lo cual es más grande que el temor

«Concede a tus siervos que con todo denuedo hablen tu palabra» (Hechos 4.29).

Este era un pedido de más cosas positivas para llenar sus corazones y mentes. Se dieron cuenta que una manera efectiva de experimentar menos temor, era tener más valor. No es realista pensar que todas las aprensiones, preguntas e intimidaciones huirán y nunca nos acecharán otra vez. Por lo general todo lo positivo y lo negativo obra en nuestras vidas al mismo tiempo. ¿Cuál es el secreto para vencer? Tener emociones positivas y buscar refuerzos positivos que sean más fuertes que los negativos.

3. Crea que Dios está obrando un milagro en su vida

«Mientras extiendes tu mano para que se hagan sanidades y señales y prodigios mediante el nombre de tu santo Hijo Jesús» (v. 30).

Hubo una oración para que Dios intercediera a su favor con milagros. Se dieron cuenta que lo que tenía que ser hecho requeriría sus esfuerzos más los de Dios. Note que primero pidieron fuerza, y luego que Dios hiciera la diferencia.

Esto puede suceder en su vida. Ponga los cambios que busca en su actitud, pensamiento y conducta, al comienzo de su lista de oración. Pídale a Dios que le ayude a hacer lo posible para producir un cambio efectivo. Luego, pídale hacer por usted, lo que usted no puede hacer por sí mismo.

4. Sea lleno del Espíritu Santo

«Cuando hubieron orado, el lugar en que estaban congregados tembló; y todos fueron llenos del Espíritu Santo, y hablaban con denuedo la Palabra de Dios» (v. 31).

Hay una relación definida entre la llenura del Espíritu Santo y el denuedo. Más adelante, en esta sección, se dará mayor énfasis en la necesidad de una vida llena del Espíritu Santo.

Conozco a muchas personas que usan esta fórmula de cuatro pasos para tratar con el temor en los asuntos diarios de la vida. Esto les guarda y les imparte fuerza. Ponga en práctica esta fórmula cuando el temor estorbe su progreso.

Usted está preparado para dar un gran paso. No vacile ni tema. No puede cruzar un precipicio dando dos pequeños saltos. El futuro vale el riesgo. Mañana mirará los cambios efectuados atrás, y los llamará mejoras.

Hace años se propuso a un pueblito de Maine como el sitio ideal para construir una gran planta hidroeléctrica. Como se había construido una represa en el río, el pueblo quedaría sumergido. Cuando se anunció el proyecto, se dio a la gente varios meses para arreglar sus asuntos y reubicarse.

Durante el tiempo en que se construía la represa, sucedió algo interesante. Cesaron todas las mejoras. Se suspendió toda pintura. No se repararon edificios, caminos ni aceras. Día a día el pueblo lucía descuidado y sucio. Mucho antes de que las aguas lo cubrieran, el pueblo parecía abandonado aun cuando las personas no se habían ido todavía. Un morador dijo: «Cuando no hay fe en el futuro, no hay poder en el presente». Sobre ese pueblo cayó la desesperanza porque no tenía futuro.

Decisión #3—Escriba una declaración de propósito

Cuando era niño, mi padre decidió construir una cancha de básquetbol para mi hermano y para mí. Hizo una plataforma de cemento, puso un tablero en el garaje y estaba a punto de poner la canasta, cuando fue llamado de urgencia para una emergencia. Prometió ponerla tan pronto como regresara. *No hay ningún problema*, pensé. *Tengo una flamante pelota de baloncesto y una nueva plataforma de cemento sobre la cual rebotar mi pelota.* Durante unos minutos jugué con mi pelota sobre el cemento. Pronto me aburrí, y lancé la pelota al tablero una vez. Dejé que la pelota rodara fuera de la cancha y no la volví a tomar hasta que papá volvió para poner el aro. ¿Por qué? Porque no hay ninguna gracia en jugar baloncesto sin un aro. Lo bonito es tener algo por qué esforzarse.

Para tener satisfacción al cambiar su actitud, debe establecer una meta claramente definida. Esta meta debe ser tan específica como sea posible, escrita y firmada, con un límite de tiempo fijado a ella. Ese propósito debe colocarse en un lugar visible donde lo vea varias veces al día para motivarse. He aquí un ejemplo de una declaración de propósito:

«Cambiar mi actitud (específicamente, pensamiento negativo, crítica a los demás, resentimiento) siguiendo los procedimientos establecidos en la sección IV de *Actitud de vencedor*. Para alcanzar efectivamente esta meta, revisaré este proceso, y mi progreso será diariamente informado a mi amigo alentador. El (fecha) _____ espero que otros se den cuenta de mi conducta positiva».

Usted alcanzará esta meta si cada día hace tres cosas:

1. Escriba específicamente lo que desea cumplir cada día

La historia de David y Goliat es una excelente ilustración de fe y de cómo esta nos enfrenta a probabilidades inmensurables con recursos aparentemente inadecuados. Pero me sorprendió una cosa cuando estudié la vida de David. ¿Por qué escogió cinco piedras para su honda al ir al encuentro de

Goliat? Estoy seguro de que las Escrituras nunca usan palabras en vano, el número de piedras debía tener algún significado. Mientras más pensaba, más perplejo quedaba. ¿Por qué *cinco* piedras? Había solamente un gigante. Agarrar cinco piedras parecía dudar de la fe. ¿Creía que iba a fallar y que tendría cuatro oportunidades más? Algún tiempo más tarde, cuando leía 2 Samuel, obtuve la respuesta. Goliat tenía cuatro hijos, ¡de manera que había cinco gigantes! En el cálculo de David había una piedra por gigante. Eso es lo que quiero decir con ser específicos en nuestra fe.

¿Cuáles son los gigantes a los que debe vencer para que su actitud sea la que debe ser? ¿Qué recursos necesitará? No se deje vencer por la frustración cuando vea los problemas. Enfréntese con un gigante a la vez. Los estrategas militares enseñan a sus ejércitos a pelear en un frente a la vez. Establezca cuál actitud quiere bloquear en este momento. Escriba esto. A medida que gane batallas, escríbalo. Esto le animará. Dedique tiempo a leer sus victorias pasadas.

2. Háblele a su amigo alentador acerca de lo que quiere cumplir cada día

La creencia es convicción interna, la fe es acción externa. Recibirá ambas, ánimo y responsabilidad al verbalizar sus intenciones. Una de las maneras en la que la gente resuelve un conflicto es al verbalizárselo a ellos mismos o a alguien más. Esta práctica es también vital en alcanzar sus actividades deseadas.

Conozco vendedores con éxito que repiten en voz alta, cincuenta veces en la mañana y cincuenta veces en la noche, esta frase: «Puedo hacerlo». Oír decir continuamente estas afirmaciones positivas, les ayuda a creer en sí mismos y les lleva a actuar de acuerdo a esa creencia. Inicie este proceso cambiando su vocabulario. He aquí algunas sugerencias:

Elimine estas palabras completamente	Haga de estas palabras parte de su vocabulario
1. No puedo	1. Puedo
2. Si...	2. Lo haré
3. Dudo	3. Espero lo mejor
4. No creo	4. Sé
5. No tengo tiempo	5. Sacaré tiempo
6. Tal vez	6. Positivamente
7. Tengo miedo de	7. Confío en que
8. No creo	8. Creo
9. (minimice) Yo	9. (promueve) Usted
10. Es imposible	10. Dios puede

3. Actúe en cuanto a lo que ha escrito y léalo en voz alta cada día

Jesús nos enseña que la diferencia entre un sabio y un necio está en su respuesta a lo que ya sabe. El hombre sabio hace lo que oye mientras que el necio sabe pero no hace nada (Mateo 7.24–27).

Santiago 1.22–25, dice:

Pero sed hacedores de la palabra, y no tan solamente oidores, engañándoos a vosotros mismos. Porque si alguno es oidor de la palabra pero no hacedor de ella, éste es semejante al hombre que considera en un espejo su rostro natural. Porque él se considera a sí mismo, y se va, y luego olvida cómo era. Mas el que mira atentamente en la perfecta ley, la de la libertad, y persevera en ella, no siendo oidor olvidadizo, sino hacedor de la obra, éste será bienaventurado en lo que hace.

Decisión #4—Sienta el deseo de cambiar

Ninguna decisión determinará más el éxito de su actitud que el deseo de cambiar. Cuando todo lo demás falla, solo el deseo puede mantenerle en su sitio. Muchas personas han pasado por encima de grandes obstáculos para ser mejores al darse cuenta que el cambio es posible si realmente lo quieren. Permítanme ilustrarlo.

Mientras saltaba, un sapo cayó en un hoyo en el camino. Todos sus intentos por salir fueron en vano. Llegó un conejo y viendo al sapo atrapado en el hoyo, se ofreció para ayudarlo a salir. Pero no pudo. Después que algunos animales del bosque hicieron tres o cuatro intentos para ayudarlo a salir, se dieron por vencidos. «Regresaremos y te traeremos algo de comida», dijeron, «parece que vas a estar aquí un buen rato». Sin embargo, poco después que se fueron a buscar comida, oyeron al sapo saltando atrás de ellos. ¡No podían creerlo! «¡Pensamos que no podrías salir!», exclamaron. «Oh, no podía», replicó el sapo. «Pero apareció un gran camión que venía derecho hacia mí, y tuve que hacerlo».

Es cuando «tenemos que salir de los hoyos de la vida» que cambiamos. Mientras tengamos opciones aceptables no cambiaremos. Parece que hay tres ocasiones en nuestra vida en que somos más receptivos al cambio. Primero, cuando estamos tan heridos que nos vemos obligados a cambiar. Jesús habla de esta clase de individuo en Lucas 15. La parábola del hijo pródigo nos dice que cuando miramos desde el fondo de una pocilga, es posible volver en nosotros mismos y pedir ayuda regresando a la casa del padre.

Segundo, la receptividad para el cambio es notoria cuando estamos cansados y aburridos. Todos experimentamos esto en ciertos momentos de la vida. Tal vez un padre siente esto cuando los hijos están en la escuela y encuentra tiempo extra para hacer otras cosas. La gente se estanca en su empleo y comienza a perder interés en su trabajo. Una santa insatisfacción puede ser saludable cuando produce cambios positivos.

Es triste para cualquiera llegar a estar tan insatisfecho con su vida, sus pensamientos y sus asuntos que ya no siente ningún desafío para hacer cosas grandes.

Tercero, el cambio va a ocurrir cuando nos demos cuenta que *podemos* cambiar. Esta es la más grande motivación de todas. Nada aviva tanto el fuego del deseo como la repentina comprensión de que no se tiene que ser el mismo. Ya no necesita sentir el peso de las actitudes negativas. No tiene ninguna razón válida para sentir constantemente amargura ni resentimiento con la vida, con los demás o con usted mismo. ¡Usted puede cambiar!

Porque creo firmemente que las personas cambiarán una vez que entiendan que esto es posible, siempre les digo una frase. Cuando el aturdimiento, la duda, la frustración, y otros bloqueos mentales les estorban, les digo: «Sí, tú puedes». He visto cientos de rostros iluminarse con esas tres simples palabras, más una sonrisa de aliento.

La vida es un proceso cambiante. Con todas sus transiciones vienen nuevas oportunidades de crecimiento. Lo que era un factor limitante ayer, no tiene que ser ahora. Acepte la siguiente declaración para su vida: «Los días por venir están llenos de cambios que son mis desafíos. Responderé a estas oportunidades en la confianza de que mi vida será mejor debido a ellas. Con Dios, todas las cosas son posibles».

DECISIÓN #5—VIVA UN DÍA A LA VEZ

Cualquiera puede pelear por un día. Es solamente cuando usted y yo añadimos las cargas de esas dos eternidades, ayer y mañana, que temblamos. No son las experiencias de ahora las que arrastran a los hombres; es el remordimiento o la amargura por algo que pasó ayer y el temor de que mañana pueda suceder. Vivamos, pero solamente un día a la vez, ¡ahora!

David, en su oración por perdón (Salmos 51), pidió a Dios: «Esconde tu rostro de mis pecados» (v. 9). Entendió que el bienestar de hoy está determinado por la sanidad y el olvido del ayer. «Mi pecado está siempre delante de mí» (v. 3), describe una condición en la vida de David que hubiera estorbado el cambio que él quería realizar. Por eso usó palabras que insistentemente pedían a Dios sanar su mente y su corazón. «Borra mis rebeliones... lávame más y más de mi maldad... límpiame de mi pecado... purifícame... lávame... hazme oír gozo y alegría... borra todas mis iniquidades... crea en mí un corazón limpio... renueva un espíritu recto dentro de mí... devuélveme el gozo de tu salvación... líbrame» (vv. 1–2, 7–10, 12, 14).

Al igual que David, usted debe orar así y permitir que Dios le perdone y sane su pasado. Solo Dios puede sanar lo que pasó ayer y ayudarle a vivir en forma efectiva ahora. Lo que no ha superado en su pasado permanece como plaga en su presente.

DECISIÓN #6—CAMBIE SU PATRÓN DE PENSAMIENTO

Lo que mantiene nuestra atención determina nuestras acciones. Estamos donde estamos y somos lo que somos, por los pensamientos dominantes que ocupan nuestras mentes. William James dijo: «El más grande descubrimiento de mi generación es que las personas pueden alterar sus vidas alterando sus actitudes mentales». Romanos 12.1, 2 dice:

Así que, hermanos, os ruego por las misericordias de Dios, que presentéis vuestros cuerpos en sacrificio vivo, santo, agradable a Dios, que es vuestro culto racional. No os conforméis a este siglo, sino transformaos por medio de la renovación de vuestro entendimiento, para que comprobéis cual sea la buena voluntad de Dios, agradable y perfecta.

Hay dos cosas que destacan el poder de nuestro pensamiento. Premisa mayor: podemos controlar nuestros pensamientos. Premisa menor: nuestros sentimientos vienen de nuestros pensamientos. ¿Conclusión? Podemos controlar nuestros sentimientos aprendiendo a cambiar una cosa: la manera de pensar. Es así de simple. Nuestros sentimientos vienen de nuestros pensamientos. Por lo tanto podemos cambiarlos, cambiando nuestro patrón de pensamiento.

Nuestro pensamiento, no nuestras circunstancias, determinan nuestra felicidad. Conozco a personas que han dicho que serían felices cuando alcanzaran cierta meta. Cuando llegan a la meta, no siempre encuentran la realización que anticipaban.

¿Cuál es el secreto para permanecer estable? Llene su mente de «todo lo que es verdadero, todo lo honesto, todo lo justo, todo lo puro, todo lo amable, todo lo que es de buen nombre; si hay virtud alguna, si algo digno de alabanza» (Filipenses 4.8). Pablo entendió. Lo que mantiene nuestra atención determina nuestras acciones.

DECISIÓN #7—DESARROLLE BUENOS HÁBITOS

Las actitudes no son nada más que hábitos de pensamiento. Los gráficos de los ciclos le ayudarán a formar hábitos adecuados.

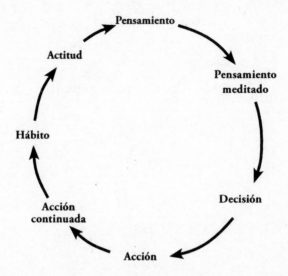

Este ciclo puede ser positivo o negativo. El proceso para desarrollar hábitos, buenos o malos, es el mismo. Es tan fácil formar un hábito de triunfo, como lo es sucumbir a un hábito de fracaso. Observe los dos ciclos siguientes y vea la diferencia.

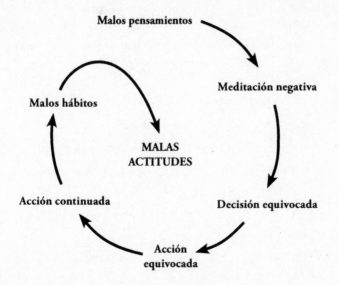

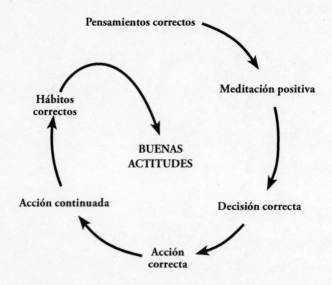

Los hábitos no son instintos; son acciones o reacciones adquiridas. No suceden simplemente; son causados. Una vez que se determina la causa original de un hábito, está en su poder aceptarlo o rechazarlo. La mayoría de las personas dejan que sus hábitos les controlen. Cuando esos hábitos son perjudiciales, dañan nuestras actitudes. La siguiente fórmula le ayudará a cambiar los malos hábitos en buenos:

PASO #1: Haga una lista de sus malos hábitos.

PASO #2: ¿Cuál fue la causa original?

PASO #3: ¿Cuáles fueron las causas que ayudaron?

PASO #4: Determine un hábito positivo para reemplazar el malo.

PASO #5: Piense en el buen hábito, sus beneficios y resultados.

PASO #6: Actúe para desarrollar este hábito.

PASO #7: Actúe diariamente de acuerdo a este hábito para reforzarlo.

PASO #8: Siéntase recompensado al notar uno de los beneficios de su buen hábito.

Decisión #8—Decida continuamente tener una actitud correcta

Una vez que toma la decisión de poseer una buena actitud, comienza en realidad el trabajo. Viene una vida de un continuo decidir crecer y mantener el resultado esperado. Las actitudes tienen la tendencia a revertirse a sus patrones originales si no son guardadas y cultivadas cuidadosamente.

«Lo más difícil al ordeñar vacas», observaba un granjero, «es que nunca permanecen ordeñadas». Las actitudes no siempre permanecen cambiadas. Hay tres etapas de cambio en las que usted debe deliberadamente decidir la actitud correcta:

La etapa inicial: los primeros días son siempre los más difíciles. Los viejos hábitos son difíciles de romper. El proceso mental debe estar en guardia continuamente para producir la acción correcta.

La etapa media: el momento en que los buenos hábitos echan raíz, las opciones abiertas traen nuevos desafíos. Los nuevos hábitos formarán lo que será bueno o malo. Las buenas noticias son: «Lo bueno produce lo bueno». Mientras más decisiones y hábitos correctos desarrolle, más buenos hábitos se formarán.

Etapa final: la complacencia puede convertirse en enemiga. Todos conocemos personas (quizás nosotros mismos) que tuvieron éxito en bajar de peso, solamente para caer en el viejo hábito de comer y subir de peso otra vez.

13

Las oportunidades
a su alrededor

Una vez que usted ha tomado la decisión de cambiar de
actitud, está listo para permitir que las oportunidades que
le rodean, hagan de su decisión un éxito.

OPORTUNIDAD #1—CUENTE CON LA
COOPERACIÓN DE UN AMIGO

¡Nos necesitamos los unos a los otros! Pocas personas tienen
éxito a menos que muchas personas quieran que lo tengan.
El cambio tiende a intimidarnos. Añada a esa intimidación el
darse cuenta que hay un largo camino que recorrer antes que
se establezcan las actitudes correctas, y nos sintamos como las
dos vacas que pastando en un potrero vieron pasar un camión

de leche. Al costado del camión había una leyenda que decía: «Pasteurizada, homogeneizada, estandarizada, vitamina A añadida». Una de las vacas suspiró y le dijo a la otra: «¿No te sientes como incompetente?».

Para ayudarle a superar este sentimiento de incompetencia, necesita la ayuda de un amigo. Busque a alguien que tenga el espíritu de Tenzing, el guía nativo de Edmund Hillary que realizó la histórica escalada al Monte Everest.

Cuando descendían Hillary dio un traspié. Tenzing mantuvo la cuerda en tensión e impidió que ambos cayeran al clavar sus picos en el hielo. Más tarde, Tenzing rechazó cualquier crédito por salvar la vida de Hillary; consideró esto como una parte rutinaria de su trabajo. Como lo dijo: «Los alpinistas siempre se ayudan los unos a los otros».[1]

Tenzing observó que nunca podemos hacer nada por otros que no tenga algún beneficio eventual para nosotros. Hay una ley de la vida que con el tiempo devolverá el bien por el bien. Por eso, el recabar la ayuda de alguien no solamente será beneficioso para usted, sino que también dará a un amigo una bendición a cambio.

Estas son las condiciones que se necesitan para un esfuerzo cooperativo exitoso:

1. Un amigo al que pueda ver o hablar diariamente.
2. Alguien que le ame y le anime.
3. Alguien con quien tenga sinceridad y transparencia mutuas.
4. Una persona que tenga éxito en superar problemas.
5. Alguien que tenga una fe fuerte en Dios y crea en los milagros.

En el libro de los Hechos vemos la emoción de la iglesia primitiva. En medio de todo el gozo y crecimiento vemos una situación muy significativa, Juan y Pedro juntos en el ministerio y en compañerismo. ¿Cuál era la razón? Juan animaba a Pedro. Pocas semanas antes, Pedro había negado a su Señor y no se sentía bien. En efecto, quería volver a la pesca. Juan, el discípulo amoroso, decidió ayudar a Pedro para que cumpliera su ministerio. Hechos 3 registra la curación milagrosa del cojo, pero hubo otra curación que tuvo lugar en la vida de Pedro, una curación interior, cuando Juan entraba con él en el templo. ¿Podría ser que la grandeza de Pedro fuera, al menos parcialmente, resultado del apoyo de Juan? Vaya y busque un amigo como Juan.

OPORTUNIDAD #2—ASÓCIESE CON LAS PERSONAS CORRECTAS

Una mañana entré a mi oficina en Skyline y vi la siguiente nota sobre mi escritorio: «Buenos días, pastor Maxwell. Hay dos claves para determinar quiénes somos: (1) quiénes percibimos ser, y (2) con quiénes nos asociamos».

¡Qué gran verdad! Sin embargo, como reflejo en esa nota, concluyo que una gran porción de nuestra imagen propia (quiénes concebimos ser) es determinada por nuestras amistades. Las actitudes de apoyo se basan muchas veces en cuán importante es la actitud para completar o dañar la imagen que sentimos que las otras personas tienen de nosotros.

Los pájaros de la misma especie vuelan juntos en bandadas. De los amigos adquirimos muchos de nuestros pensamientos, peculiaridades y características. Cambiar una actitud de negativa a positiva, requiere muchas veces cambiar de amistades. No es una casualidad que los muchachos con buenas notas se reúnan con otros con buenas notas. Al aconsejar a personas con problemas matrimoniales, he observado que casi siempre los amigos de la pareja tienen problemas matrimoniales también.

A veces las personas culpan a las circunstancias por sus problemas. Pero casi siempre es la gente con la que nos rodeamos, no las circunstancias que encontramos, las que marcan una diferencia en nuestras vidas. Las buenas circunstancias con malos amigos, resultan en derrota. Las malas circunstancias con buenos amigos, resultan en victoria.

OPORTUNIDAD #3—SELECCIONE UN EJEMPLO A SEGUIR

Los comunicadores dicen que el noventa por ciento de lo que aprendemos es visual, el nueve por ciento es auditivo, y el uno por ciento viene por otros sentidos. Nuestra dependencia de los ojos para aprender, sin duda, es al menos parcialmente resultado de la televisión en nuestra cultura. Los mensajes visuales duran más que los que solo oímos. Usted puede seleccionar a alguien a quien seguir que le dé una constante visualización de lo que quiere llegar a ser. Hacer una sola decisión para cambiar una actitud no es suficiente. La visión de lo que desea debe estar constantemente delante de usted. Para lograr la clase de vida que quiere, debe actuar, caminar, hablar y conducirse como la persona ideal que visualiza en sí mismo. Gradualmente, el viejo yo desaparecerá y será reemplazado con el nuevo.

Mis actitudes han sido un resultado directo de un ejemplo adecuado por parte de mis padres. Casi siempre, cuando hablo en conferencias y trato de ayudar a la gente con sus actitudes, doy varias ilustraciones de mi vida familiar. Una pareja que me escuchó quiso desesperadamente cambiar y cambiar a sus hijos. Decidieron invitar a mamá y papá a su casa para pasar un fin de semana. El tiempo que pasaron juntos fue de mucha ayuda. Un día, cuando mi madre no estaba, los anfitriones entraron en el cuarto de huéspedes y oraron y ella le pidió a Dios que le diera la sabiduría y las virtudes de mi madre así como el manto de Elías había caído sobre el profeta Eliseo.

Comience a buscar a alguien para reforzar su vida. Si le parece que no hay nadie a la mano pídale a Dios que le envíe un cristiano con una actitud de vencedor. Pida que esa persona le haga su discípulo por unos pocos meses. Disfrute la experiencia de crecer con el ejemplo.

Oportunidad #4—Aprenda de sus equivocaciones

El primer instante en que una idea es concebida es un momento de decisión. Cuando una oportunidad para crecer se abre ante usted, ¿qué es lo que se dice a sí mismo? ¿Atrapará el desafío con emoción y dirá: «¡Puedo ponerlo en práctica!» o reaccionará diciendo: «Eso no es práctico... es muy difícil... no creo que se pueda hacer?». En ese momento decide entre el éxito y el fracaso. Usted contribuye a formar un hábito de pensamiento positivo o negativo por lo que se dice a sí mismo. Así que dé a su «mejor» yo una oportunidad de crecer. Forme el hábito de tener una reacción positiva, seguido de una acción positiva. No podemos conseguir que el viento sople como queremos, pero podemos ajustar nuestras velas para que nos lleve a donde queremos ir.

Usted no puede controlar todas las circunstancias. No siempre puede tomar decisiones correctas que produzcan resultados correctos. Pero siempre puede aprender de sus equivocaciones. La siguiente fórmula le ayudará para sacar el mayor provecho de sus equivocaciones:

Una fórmula para superar el fracaso

1. Reconozca

¿Cuál es el fracaso? ¿Es permanente? ¿Hay una segunda oportunidad? Complete esta oración señalando la frase correcta:

Una persona es un fracaso cuando:

(a) comete una equivocación;

(b) renuncia;

(c) alguien piensa que lo es.

2. Revise

El fracaso debe ser nuestro maestro, no nuestro sepulturero. El fracaso es demora, no derrota. Es un desvío temporal, no una calle sin salida. Un triunfador es lo suficientemente grande como para reconocer sus equivocaciones, lo suficientemente inteligente como para sacar provecho de ellas y lo suficientemente fuerte para corregirlas. La única diferencia entre el hombre con éxito y el hombre sin éxito, es que este se ha equivocado tres veces entre cinco.

3. Reprima

Tal vez sus propios problemas personales fueran los causantes del fracaso. Si es así comience inmediatamente a preocuparse de la autodisciplina. Si usted es el problema, póngase bajo control. Lord Nelson, el famoso héroe naval de Inglaterra sufrió de mareo toda su vida. Sin embargo, el hombre que destruyó la flota de Napoleón no dejó que la enfermedad interfiriera con su carrera. No solo aprendió a vivir con su debilidad, sino que la conquistó. Muchos de nosotros tenemos nuestros mareos también, y tenemos que vivir con ellos. Para unos pueden ser físicos, para otros sicológicos. Generalmente es una guerra privada que se libra dentro de nosotros. Nadie nos concederá una medalla por ganarla, pero nada puede quitarnos la satisfacción de saber que no nos rendimos.

4. Reajuste

Un eminente cirujano plástico cuenta de un muchacho que perdió su mano a la altura de la muñeca. Cuando le preguntó sobre su impedimento, el muchacho dijo: «No tengo ningún impedimento. Únicamente no tengo la mano derecha». El cirujano continuó conversando y supo que este muchacho era uno de los mejores anotadores del equipo de fútbol de su escuela. No es lo que usted ha perdido, sino lo que ha dejado, lo que cuenta.

5. Entre de nuevo

Las equivocaciones señalan el camino al éxito. El que no se equivoca no progresa. Asegúrese de que genera un número razonable de equivocaciones. Esto viene naturalmente en algunas personas, pero algunos tienen tanto miedo del error que hacen sus vidas rígidas con revisiones y más revisiones, cambios desalentadores y, al final, están tan apegados a las estructuras que perderán la satisfacción de batear la oportunidad que puede lanzar su vida como un cohete. Por lo tanto, dé un vistazo a su actuación y si llega al final de un año y ve que no ha cometido muchas equivocaciones, pregúntese si ha probado todo lo que debía.

Oportunidad #5—Sea receptivo a las experiencias exitosas

Vencer una situación negativa requiere cinco experiencias positivas. Cuando enfrentamos la posibilidad del fracaso, tenemos la tendencia de sentarnos y desesperarnos. El temor es la advertencia natural de que debemos mantenernos ocupados. Lo vencemos al actuar con éxito.

Oí a un orador decir: «Vencemos por la acción». Eso es solo parcialmente cierto. Las experiencias que son continuamente fallidas, pueden aumentar nuestro deseo de sentarnos fuera del juego en la arena de la vida. La acción que produce confianza y un grado de éxito, nos animará a intentar nuevas acciones.

Aprendí esto cuando jugaba básquetbol en la escuela de bachillerato. Un año, nuestro entrenador tuvo una «brillante» idea que podía ayudarnos a hacer nuestros tiros más eficaces. Reemplazó el aro regular de básquetbol con uno más pequeño. Pensó que si podíamos acertar en el más pequeño, no tendríamos problema jugando con el más grande. Miré a mis compañeros de equipo errando los tiros en el aro más pequeño constantemente. Estaban frustrados. Como era capitán del equipo y el ochenta por ciento de los tiros fueron errados, decidí hablar con mi entrenador con mucha cautela. Mi teoría era opuesta a la suya. Creía que el errar continuamente los tiros al aro más pequeño, crearía una imagen de fracaso que daría como resultado tiros errados en el partido. ¡Exactamente eso fue lo que sucedió! Cuando recuerdo ese incidente me pregunto ¿qué hubiera sucedido si el entrenador hubiera colocado aros más grandes sobre el tablero, durante el entrenamiento?

Nada nos intimida tanto más que la constante exposición al fracaso. Nada nos motiva más que la constante exposición al éxito. Por eso, he descubierto que las personas cambian más rápido si tienen continuamente situaciones en las que pueden tener éxito. Creyendo esto, me propuse enseñar a mi hija Elizabeth cómo golpear una bola con el bate. No quería que dejara de balancear el bate solo porque hubiera errado, ya que eso le habría dado un sentimiento de fracaso, así que le di las siguientes instrucciones: «Elizabeth, tu responsabilidad es hacer oscilar el bate, es asunto mío golpearlo con la bola cuando la arroje».

Elizabeth, sin temor, comenzó a mover el bate. ¡No tenía nada que perder! Cada vez que oscilaba el bate tenía éxito. Continué errando el bate con la bola cuando la lanzaba. Finalmente, después de muchas «batidas» y de muchos errores, Elizabeth arrojó el bate, me miró con disgusto y dijo: «Papi, ¡sigues sin dar en el bate!».

Póngase en contacto con personas de éxito y con experiencias exitosas. Lea libros que le hagan una mejor persona.

Encuentre algo que pueda hacer bien, y hágalo muchas veces. Ayude a alguien que necesite sus dones espirituales, a ser una mejor persona. Alimente sus actitudes correctas, y antes de que lo sepa, las malas morirán de hambre. Escriba sus éxitos y repáselos cada vez que le sea posible. Cuente de su crecimiento a los que se interesen en usted y que tienen excelentes actitudes. Felicítese a diario y agradezca a los demás por hacer posible su cambio de actitud.

14

El Dios sobre usted

E. Stanley Jones causó gran impresión cuando dijo: «Solo Dios puede derribarlo a uno». Y continuó explicando: «Nadie, sino Dios tiene raíces en la eternidad. Esta es inamovible ante el fracaso». Para cada apuro del hombre, hay una gracia especial de Dios. En otras palabras: para cada necesidad particular hay un recurso sobrenatural. Para cada problema determinado hay una respuesta definida. Para cada herida hay una cura. Para cada debilidad hay una fuerza. Para cada confusión hay una guía.

Hay varias maneras en las que Dios muestra su poder en nuestras vidas cuando cambiamos.

Fortaleza #1—La Palabra de Dios

Cuando las verdades de la Biblia penetran nuestra mente y nuestro corazón, nuestra actitud mejora. La Palabra de Dios está llena de gente que continuamente demuestra que la relación correcta del hombre con Él crea una mente saludable. Pablo es un ejemplo.

«Me pregunto: ¿por qué», decía un obispo anglicano, «dondequiera que iba el apóstol Pablo causaba una revolución, y dondequiera que yo voy me sirven una taza de te?».

Hoy en día tenemos vidas relativamente fáciles. Pero el apóstol Pablo difícilmente podía ir a una ciudad sin que estallara un alboroto. Parecería que Pablo siempre hubiera querido meterse en problemas. Durante su primer viaje misionero fue apedreado y dado por muerto. Durante el segundo enfrentó cargos de trastornar el mundo. Durante toda su vida soportó increíbles penalidades: prisiones, azotes, golpes, naufragios, privaciones, agotamientos. Difícilmente esa sería la «victoriosa vida cristiana» que nosotros visualizamos, ¿no es cierto? Pero a pesar de sus intensas penalidades y sufrimientos, constantemente mantuvo una actitud de agradecimiento y gozo. Lo arrojaron en prisión, y ¿qué hizo? ¿Refunfuñó y se quejó? ¡No! Cantó himnos de gozo a Dios (Hechos 16.25). Lo arrojaron nuevamente, pero animó a otros a «regocijarse en el Señor siempre» (Filipenses 4.4). La actitud predominante de Pablo en cualquier circunstancia era una actitud de gozo. ¿De dónde venía ese gozo?

Tal vez podamos dar una mirada a la vida victoriosa de Pablo leyendo su carta a los Romanos. El capítulo 8 nos da lo que llamo «Fundamentos de fe para una actitud cristiana positiva».

Primer fundamento: «Soy importante»

Y sabemos que a los que aman a Dios, todas las cosas les ayudan a bien, esto es, a los que conforme a su propósito son llamados. Porque a los que antes conoció, también los predestinó para que fuesen hechos conformes a la imagen de su Hijo, para que él sea el primogénito entre muchos hermanos. Y a los que predestinó, a éstos también llamó; y a los que llamó, a éstos también justificó; y a los que justificó, a éstos también glorificó. (vv. 28–30)

Mi sentido de importancia aumenta al darme cuenta que soy llamado «conforme a su propósito» (v. 28); predestinado para ser hecho conforme «a la imagen de su Hijo» (v. 29); «llamado... justificado... glorificado...» (v. 30).

Segundo fundamento: «Estoy seguro»

¿Qué, pues, diremos a esto? Si Dios es por nosotros, ¿quién contra nosotros? El que no escatimó ni a su propio Hijo, sino que lo entregó por todos nosotros, ¿cómo no nos dará también con Él todas las cosas? ¿Quién acusará a los escogidos de Dios? Dios es el que justifica. ¿Quién es el que condenará? Cristo es el que murió; más aun, el que también resucitó, el que además está a la diestra de Dios, el que también intercede por nosotros. ¿Quién nos separará del amor de Cristo? ¿Tribulación, o angustia, o persecución, o hambre, o desnudez, o peligro, o espada? Como está escrito: Por causa de ti somos muertos todo el tiempo; somos contados como ovejas de matadero. Antes, en todas estas cosas somos más que vencedores por medio de aquel que nos amó. Por lo cual estoy seguro de que ni la muerte, ni la vida, ni ángeles, ni principados, ni potestades, ni lo presente, ni lo por venir, ni lo alto, ni lo profundo, ni ninguna otra cosa creada nos podrá separar del amor de Dios, que es en Cristo Jesús Señor nuestro. (vv. 31–39)

Cuando sé que estoy seguro en Él, acepto correr cualquier riesgo en mi vida. Solo los que se sienten inseguros no aceptan correr el riesgo del fracaso. Los que se sienten seguros son sinceros consigo mismos y reconocen el fracaso, piden ayuda y lo intentan nuevamente. Ellos son los que pueden cambiar.

Recuerde las palabras de Dios en Jeremías: «¿Hay algo que sea difícil para mí?» (32.27). La Biblia, no Norman Vincent Peale, dijo primero: «Al que cree todo le es posible» (Marcos 9.23). La Palabra de Dios, no Maxwell Maltz autor de *Psico-Cibernética*, dijo primero: «Todo lo que pidiereis orando creed que lo recibiréis y os vendrá». Las Escrituras, no Robert L. Schuller, dijeron primero: «Todo lo que pidieres en oración, creyendo, lo recibiréis» (Mateo 21.22). La Palabra de Dios nos da la fortaleza y la guía para cambiar nuestras vidas.

Fortaleza #2—Oración

Muchas destacadas oraciones de la Biblia fueron efectivas, aunque breves. El Salmo 25.1–10 es una oración corta, sencilla y sincera. Y también poderosa. El Padre Nuestro tiene solamente 71 palabras. (Comparado con las 26.911 palabras en una orden gubernamental para establecer el precio del repollo.)

El Salmo 25 describe a una persona que ha escogido el camino recto, pero ha descubierto que no es fácil andar por él. El camino está bordeado de enemigos que quieren poner al débil en vergüenza. El peregrino está lleno de dudas internas y recuerda sus fracasos pasados. Pero lo que debemos entender aquí es que es muy difícil caminar sin la compañía del Señor.

El salmista, atormentado por dentro y por fuera, se ha detenido un momento en el camino. Sabe que no puede regresar, pero no sabe cómo continuar. Por eso pide que Dios le ayude a seguir sin salirse del buen camino.

Aprendemos cinco cosas de la oración de este hombre en los versículos 1 al 10.

1. Sabe en qué dirección buscar ayuda

A ti, oh Jehová, levantaré mi alma. (v. 1)

El humanista mira solamente los recursos humanos disponibles. El cristiano inmediatamente mira a Dios. El hombre de oración sabe que las bendiciones de Dios no son opcionales. Son una necesidad.

2. Sabe en quién confiar

Dios mío, en ti confío; no sea yo avergonzado, no se alegren de mí mis enemigos. Ciertamente ninguno de cuantos esperan en ti será confundido; serán avergonzados los que se rebelan sin causa. (vv. 2, 3)

Una actitud de confianza es la clave para la oración efectiva basada en el carácter de Dios. El impulso de nuestra confianza debe ser centradaen Dios.

3. Conoce el propósito de la oración

Muéstrame, oh Jehová, tus caminos; enséñame tus sendas. Encamíname en tu verdad y enséñame; porque tú eres el Dios de mi salvación; en ti he esperado todo el día. (vv. 4, 5)

El propósito de la oración es cambiar. Richard Foster, dice:

Orar es cambiar. La oración es la avenida central que utiliza Dios para transformarnos. Si no nos interesa cambiar, abandonaremos la oración como una característica notable de nuestras vidas. Mientras más oramos, más llegamos al corazón de Dios. La oración inicia el proceso de comunicación entre Dios y nosotros. Todas las opciones de la vida caen ante nosotros. En ese punto, o abandonaremos la oración y dejaremos de crecer, o persistiremos en nuestra vida de oración y dejaremos que Él nos cambie. Cualquiera de las dos opciones son dolorosas. No crecer a su semejanza es no disfrutar de su plenitud. Cuando esto sucede, las prioridades del mundo comienzan a desvanecerse.[1]

Cuando oramos pidiéndole a Dios que cambie una situación, casi siempre comienza con nosotros.

4. Conoce la base de la oración

Acuérdate, oh Jehová, de tus piedades y de tus misericordias, que son perpetuas. De los pecados de mi juventud, y de mis rebeliones, no te acuerdes; conforme a tu misericordia acuérdate de mí, por tu bondad, oh Jehová. (vv. 6, 7)

El salmista no se acerca a Dios basado en su propia grandeza, sino que viene a Él «conforme a tu misericordia». El cambio de David se basa en lo que Dios es, no en lo que hace.

5. Conoce el futuro de la oración

Bueno y recto es Jehová; por tanto, Él enseñará a los pecadores el camino. Encaminará a los humildes por el juicio, y enseñará a los mansos su carrera. Todas las sendas de Jehová son misericordia y verdad, para los que guardan su pacto y sus testimonios. (vv. 8–10)

El futuro es tan sólido como el carácter de Dios. La fidelidad de Dios se basa en los atributos de Él, no en las acciones de uno. Lleva las actitudes equivocadas a él.

Fortaleza #3—El Espíritu Santo

Hay cerca de trescientas referencias al Espíritu Santo en el Nuevo Testamento. La palabra con la que está continuamente asociado es «poder». En Juan 16.4–16, Jesús enseña claramente la necesidad del Consolador en nuestras vidas. Los discípulos estaban inseguros sobre su futuro. Jesús les dijo:

> Mas os he dicho estas cosas, para que cuando llegue la hora, os acordéis de que ya os lo había dicho. Esto no os lo dije al principio, porque yo estaba con vosotros. Pero ahora voy al que me envió; y ninguno de vosotros me pregunta: ¿A dónde vas? Antes, porque os he dicho estas cosas, tristeza ha llenado vuestro corazón. Pero yo os digo la verdad: Os conviene que yo me vaya; porque si no me fuere, el Consolador no vendría a vosotros; más si me fuere os lo enviaré. Y cuando él venga, convencerá al mundo de pecado, de justicia y de juicio. De pecado, por cuanto no creen en mí; de justicia, por cuanto voy al Padre, y no me veréis más, y de juicio, por cuanto el príncipe de este mundo ha sido ya juzgado. Aún tengo muchas cosas que deciros, pero ahora no las podéis sobrellevar. Pero cuando venga el Espíritu de verdad, Él os guiará a toda la verdad; porque no hablará por su propia cuenta, sino que hablará todo lo que oyere, y os hará saber las cosas que habrán de venir. Él me glorificará porque tomará de lo mío, y os lo hará saber. Todo lo que tiene el Padre es mío; por eso dije que tomará de lo mío, y os lo hará saber. Todavía un poco y no me veréis; y de nuevo un poco, y me veréis; porque yo voy al Padre.

Jesús dijo que nos convenía que enviara al Consolador. El Espíritu de verdad nos guiará y glorificará a Jesús. En Hechos 1 leemos que nuestro Señor estaba listo para regresar al Padre. A los pocos seguidores que le rodeaban, Jesús les dijo estas importantes palabras finales:

> Y estando juntos, les mandó que no se fueran de Jerusalén, sino que esperasen la promesa del Padre, la cual, les dijo, oísteis de mí. Porque Juan ciertamente bautizó con agua, mas vosotros seréis bautizados con el Espíritu Santo dentro de no muchos días. Entonces los que se habían reunido le preguntaron, diciendo: Señor, ¿restaurarás el reino a Israel en este tiempo? Y les dijo: No os toca a vosotros saber los tiempos o las sazones que el Padre puso en su sola potestad; pero recibiréis poder, cuando haya venido sobre vosotros el Espíritu Santo, y me seréis testigos en Jerusalén, en toda Judea, en Samaria, y hasta lo último de la tierra. (Hechos 1.4–8)

Les prometió poder cuando recibieran el Espíritu Santo. Hasta Pentecostés, los discípulos eran un grupo cuestionable. De los doce originales, Judas se había ido. Santiago y Juan tendrían que ser cuestionados en cuanto a sus motivos y deseos políticos. Tomás continuaba dudando. Y tenemos a Pedro, glorioso en un momento, cobarde en otro, declarando verdades y luego negándolas. ¿Cuáles eran sus planes después de la muerte de Cristo? Quería regresar a pescar.

Jesús había pasado tres años con sus discípulos. Le habían escuchado sus enseñanzas, pero necesitaban algo más que enseñanzas. Había hecho muchos milagros delante de ellos, pero estaban frustrados por su inadecuado esfuerzo humano. A petición de ellos, Jesús les enseñó a orar, pero carecían de un verdadero poder en sus vidas. La disciplina del Señor no les había dado la efectividad que necesitaban para comenzar la iglesia primitiva. Jesús sabía lo que necesitaban. Por eso les pidió esperar la llenura del Espíritu Santo en sus vidas.

Esperaron y fueron llenos. ¡Comenzó la iglesia primitiva! Este grupo de creyentes se lanzó adelante en medio de la tormenta. Siete problemas confrontó esta iglesia neotestamentaria del libro de los Hechos. Después de cada obstáculo la iglesia creció y la Palabra de Dios se extendió. Los obstáculos se convirtieron en oportunidades. Las barreras en bendiciones. Los cobardes se hicieron valientes. ¿Por qué? Porque los que estaban en la iglesia estaban llenos del Espíritu Santo.

Usted puede tener ese mismo poder.

Si deseas cambiar, y estás pensando en eso, recuerda que no puedes hacer nada por ti mismo. Primera de Juan 4.4 dice: «Hijitos, vosotros sois de Dios, y los habéis vencido; porque mayor es el que está en vosotros, que el que está en el mundo».

Usted experimentará ese poder vencedor al recordar esto:

FÓRMULA PARA EL ÉXITO ESPIRITUAL

Si quiere angustiarse, mire hacia adentro.

Si quiere derrotarse, mire hacia atrás.

Si quiere distraerse, mire a su alrededor.

Si quiere desmayarse, mire hacia delante.

Si quiere liberarse, ¡mire hacia arriba!

Canales para el cambio

Repase cada día esta cartilla. Esta diseñada para:

1. Animarle en su búsqueda de cambio;
2. Dirigirle para que no desperdicie el momento; y
3. Brindarle la información correcta.

Recuerde: no hay mejoramiento sin cambio.

I. La decisión está en usted

Decisión #1: Haga una evaluación de su actitud (Filipenses 2.5) ¿Le agradan a Cristo y me agradan a mí mis actitudes?

Decisión #2: ¿Es su fe más fuerte que su temor? (Mateo 21.21). ¿Actúo por fe sobre mis temores?

Decisión #3: Escriba una declaración de propósito (Filipenses 3.13, 14). ¿He escrito, expresado verbalmente y actuado sobre un plan para cambiar mi actitud?

Decisión #4: Determine si tiene el deseo de cambiar (Salmo 37.4). El cambio es posible si lo deseo suficientemente. ¿Estoy dispuesto a pagar el precio?

Decisión #5: Viva día a día (Mateo 6.34). ¿Estoy dejando que los problemas de mañana me quiten la fuerza de ahora?

Decisión #6: Cambie sus patrones de pensamiento (Filipenses 4.8). Lo que mantiene nuestra atención determina nuestra acción. ¿Estoy pensando en lo justo?

Decisión #7: Desarrolle buenos hábitos (Deuteronomio 6.5-9). ¿Insisto en actuar de acuerdo a los hábitos positivos para vencer los negativos?

Decisión #8: Decídase siempre por la actitud correcta (Proverbios 3.31) ¿Estoy siempre dispuesto a cambiar?

II. Las oportunidades a su alrededor

Oportunidad #1: Busque la cooperación de un buen amigo (Deuteronomio 32.30). ¿Me reúno regularmente con un amigo que me ayude?

Oportunidad #2: Asóciese con las personas apropiadas (Santiago 4.4). ¿Ayudan o estorban mis amigos respecto a mis cambios?

Oportunidad #3: Seleccione un modelo a seguir (Filipenses 4.9). ¿Utilizo mi tiempo reuniéndome con una persona que admiro?

Oportunidad #4: Aprenda de sus equivocaciones (Juan 8.11). ¿Cuáles de mis últimas equivocaciones me han hecho cambiar?

Oportunidad #5: Sea receptivo a experiencias exitosas (Lucas 11.1) ¿A qué persona veré ahora, o cuál será el acontecimiento positivo en el que participaré?

III. El Dios sobre usted

Fortaleza #1: La Palabra de Dios (2 Timoteo 3.16, 17). ¿Obtengo diariamente fortaleza de la Palabra de Dios?

Fortaleza #2: Oración (Santiago 5.16). ¿Oro diaria y específicamente por mi actitud?

Fortaleza #3: El Espíritu Santo (1 Juan 4.4). ¿Estoy permanentemente lleno del Espíritu Santo?

Notas

CAPÍTULO 2

1. John H. Sammis, «Para andar con Jesús», compuesto por Daniel Brink Towner, 1887; traducción por Vicente Mendoza.

CAPÍTULO 3

1. J. Sidlow Baxter, *Awake, My Heart* (Grand Rapids: Zondervan, 1960), p. 10.

CAPÍTULO 6

1. Tim LaHaye, *Spirit-Controlled Temperament*, ed. rev. (Carol Stream, IL: Tyndale House Publishers, 1994) [*Temperamentos controlados por el Espíritu* (Maracaibo: Libertador, 1976)].

CAPÍTULO 7

1. Edgar A. Guest, «It Couldn't Be Done», http://www.poetryfoundation.org/poem/173579.

CAPÍTULO 8

1. Judith Viorst, *Alexander y el día terrible, horrible, espantoso, horroroso* (Nueva York: Libros Colibrí, 1989).

CAPÍTULO 9

1. The Church of Christ at Sycamore Chapel, Ashland City, TN, boletín de 24 mayo 1998, p. 3.
2. Harold Sherman, *How to Turn Failure into Success* (Upper Saddle River, NJ: Prentice Hall, 1958).

CAPÍTULO 10

1. The Christophers, *Better to Light One Candle* (Nueva York: Continuum, 1999).

CAPÍTULO 13

1. Mitch Anthony, *Your Clients for Life* (Chicago, Illinois: Dearborn, 2002), 1.

CAPÍTULO 14

1. Richard Foster, *Celebration of Discipline*, 3a ed. (San Francisco, CA: Harper Collins, 2002) [*Celebración de la disciplina* (Buenos Aires: Peniel, 2009)].

Guía de estudio

CAPÍTULO 1

Es un pájaro...
Es un avión...
¡No! ¡Es una actitud!

1. Imagínese que es un piloto en la cabina de un avión. ¡Prosiga, puede hacerlo! Y sigue volando... ¿En qué mantendrá sus ojos para controlar la conducta del avión? ¿Cómo puede controlar su conducta?

2. Ahora, imagínese sentado en la cabina de su vida. ¿Cuál es el factor que determina su conducta espiritual, mental y física, sin importar el «tiempo» que afronte?

3. Califíquese de acuerdo al patrón de actitud que Pablo le atribuye a Jesús. Anótese un cinco si se siente realmente bien en cuanto a esta actitud.

a. Soy altruista.

☐ 0   ☐ 1   ☐ 2   ☐ 3   ☐ 4   ☐ 5

b. Soy seguro.

☐ 0   ☐ 1   ☐ 2   ☐ 3   ☐ 4   ☐ 5

c. Soy sumiso.

☐ 0   ☐ 1   ☐ 2   ☐ 3   ☐ 4   ☐ 5

Si quiere saber cómo lo ven los demás, pida a su esposa o a un amigo que lo califiquen.

4. Según Romanos 12.1, 2, ¿qué debe suceder para que nuestra actitud refleje la voluntad de Dios respecto a nosotros?

5. Piense en alguna situación de su vida que le moleste y afecte su actitud. Use el proceso de alabanza en tres etapas del rey David. Describa cómo se aplica a la situación que vive.

a. La alabanza comienza con la voluntad (Salmos 34.1).
b. La alabanza fluye a las emociones (Salmos 34.2).
c. La alabanza se extiende a los demás (Salmos 34.2, 3).

6. Llene esta prueba de actitud:

Nunca ha sido mejor	☐ *Sí*	☐ *No*
Nunca ha sido peor	☐ *Sí*	☐ *No*
Nariz arriba	☐ *Sí*	☐ *No*
Nariz abajo	☐ *Sí*	☐ *No*

CAPÍTULO 2

La actitud, ¿qué es?

1. Recuerde una ocasión en la que tuvo

   - una actitud positiva
   - un problema de actitud

   Analice el impacto en su familia, iglesia, trabajo y medio ambiente. No es un ejercicio para juzgar, sino un intento para saber el impacto de la actitud.

2. «Es mi personalidad», dice usted. ¿Cómo afecta la personalidad a las actitudes hacia los demás? ¿O hacia las distintas situaciones de la vida?

3. ¿Cómo afectan a los demás, las expresiones faciales y el lenguaje corporal? ¿Cómo afectan al que habla?

4. ¿Qué comunican en el hogar las expresiones faciales y el lenguaje corporal? ¿Qué comunican en el trabajo? ¿Qué comunican en las situaciones sociales?

5. ¿Cuál es la conexión entre la obediencia a Cristo y nuestra actitud?

6. ¿En qué situaciones aprendemos a confiar en el Señor por medio de la obediencia? Utilice el ejemplo de las bodas de Canaán.

7. ¿De qué manera su actitud es la «bibliotecaria de su pasado»?

CAPÍTULO 3

La actitud, ¿por qué es importante?

1. Si ha recibido influencia negativa de la gente, ¿qué indica eso en cuanto a usted?

2. Aunque debería ser obvio, ¿cuál es la principal fortaleza que determinará si triunfamos o fracasamos?

3. Señale su respuesta a la pregunta: «¿Cómo siente que le trata el mundo?».

   a. Terriblemente
   b. Más o menos
   c. Bien
   d. Excelentemente

4. Si su respuesta es «terriblemente» o «más o menos», ¿estaría de acuerdo o no con la afirmación del autor: «A veces la cárcel del descontento es construida por sus propias manos?». Si no está de acuerdo, indique por qué.

5. ¿Qué aprendemos de la afirmación del apóstol Pablo en Filipenses 3.13, 14? ¿Cómo podemos usarla en nuestras vidas?

6. Como no podemos ajustar la mayoría de las situaciones de la vida a nuestros deseos, ¿qué podemos hacer con ellas? ¿En qué sí tenemos control?

7. ¿Cuáles son algunas de las frustrantes, fastidiosas y horribles experiencias que está teniendo con los demás

y que hacen que las actitudes positivas parezcan como imposibles?

a. En el hogar:
b. En la carretera:
c. En el trabajo:
d. En la iglesia:

8. ¿Qué papel juega el tener una actitud positiva en esas situaciones para hacer de usted una persona encantadora y triunfadora?

9. Seleccione la persona con la que tenga las mayores dificultades, y busque, durante una semana, oportunidades para decirle cosas positivas y estimulantes todos los días. Evalúe la actitud de esa persona hacia usted después de esa semana.

10. ¿Qué es lo que da a muchos triunfadores ese pequeño margen sobre los demás, aun cuando ellos sean más inteligentes y educados? Describa a alguien de su familia o de su círculo de relaciones que demuestre las cualidades que usted ha enumerado.

11. «Las máximas, verdades cortas, son joyas que brillan con múltiples facetas. Escriba tres máximas que llamaron su atención cuando leyó la sección bajo el título «Axioma de actitud #5».

1.
2.
3.

Escríbalas en tarjetas de 3 X 5 pulgadas, añada la situación a la que se aplican, y llévelas con usted a fin de sacarlas, leerlas y dejar que le inspiren nuevamente. Si tiene acceso a una computadora con gráficas, haga sus propios cuadros.

12. ¿Conoce a una persona sin límites en su familia, en su iglesia, en su comunidad o en su trabajo? Analice lo que da margen a esa persona sobre los demás. No es demasiado tarde para que sea una persona sin límites. Identifique la limitación que usted se ha impuesto, y de esa observación saque la conclusión de cómo podría llegar a ser una persona sin límites.

13. ¿Por qué ser cristianos no nos da automáticamente una buena actitud? Si Cristo vive en nosotros por medio de su Espíritu Santo, ¿quién es el responsable de nuestras actitudes equivocadas?

CAPÍTULO 4

Es difícil volar con las águilas cuando se tiene que vivir con los pavos

1. Victor Frankl dijo: «La última de las libertades humanas es escoger la actitud de uno en *cualquier* clase de circunstancias». ¿Está de acuerdo con esto o no? ¿Por qué? ¿Puede dar un ejemplo?

2. Después de leer la historia acerca del hombre con el trasfondo difícil, reflexione en la actitud que parece haber pasado de generación en generación en su familia. ¿Qué decisión necesita tomar?

3. Llene la Aplicación de actitud de la página 33. Retírese a su lugar favorito en el que pueda pensar con tranquilidad: su silla preferida, un lugar del jardín, un parque en la montaña, una playa. Ore que Dios permita que afloren esas condiciones que necesita reconocer como formativas o destructivas, y las decisiones que deba tomar como resultado de eso.

CAPÍTULO 5

Verdades fundamentales sobre la edificación de la actitud

1. ¿Cuál es la actitud que tuvo en su infancia que todavía amenaza con descarrilar sus esfuerzos para mejorar su actitud? Si experimentó una infancia con actitudes positivas, ¿qué elementos de esa experiencia son ahora el «motor» para un cambio positivo?

2. ¿Qué actitud de crecimiento, ya sea positiva o negativa, detecta en sí mismo? ¿Y en su esposa?

3. El mismo hecho de que usted haya leído *Actitud de vencedor* y esté trabajando en esta guía de estudio, le da una ayuda positiva para tener buena actitud. Pero como parte de esa ayuda revise qué actitudes necesitan específicamente profundizarse y reforzarse. Escriba el paso que debe dar ahora para hacerlo.

4. En vez de concentrarse en informaciones negativas, pida que Dios le ayude a recibir refuerzo positivo de las personas significativas en su vida. Si es posible, envíe por lo menos a una de esas personas una tarjeta de agradecimiento esta semana.

CAPÍTULO 6

Materiales que se usan en la formación de la actitud

1. Si completó la Aplicación de actitud de las páginas 40–42, reexamine lo que escribió a la luz de las respuestas que se han dado en esta guía de estudio. El tiempo transcurrido, el hurgar en los recuerdos, puede significar que querrá cambiar algunas de las respuestas que dio antes.

2. ¿Ha identificado cuál de los cuatro temperamentos es el más parecido al suyo? Si lo ha hecho, ¿cuál de las frases descriptivas describe más exactamente su actitud?

3. Todos nosotros vivimos, en cierto momento de nuestra vida, en un ambiente negativo. Para algunos, la vida familiar es un constante combatir las actitudes negativas del cónyuge. Para otros, la vida en la oficina o el trato con los clientes, es conflictivo. Describa el ambiente que haya sido más negativo en su vida, y téngalo en mente mientras trabaja en este libro.

4. Usted ha leído las experiencias del autor en cuanto a la aceptación. ¿Cuáles son las suyas? ¡Gracias a Dios por ellas! Identifique dónde y cómo puede proveer esa clase de afirmación, y escriba su respuesta como confirmación de ese deseo.

5. El autor tiene claramente una imagen propia positiva y menciona varios aspectos para sentirse bien con uno mismo. Encuéntrelos en el texto y escríbalos para recordarlos.

6. Observe cómo el autor se sintió bien ayudando a triunfar a su hija. ¿A quién puede usted ayudar a triunfar? Escriba un plan de acción, aunque sea incompleto.

7. El autor escribe: «Siempre tenemos un número de oportunidades en nuestras manos. Debemos decidir si corremos el riesgo y actuamos de acuerdo a ellas» (página 49). ¿Cuáles son las oportunidades que le exigen que corra un riesgo?

8. Un pastor que pasó por una crisis emocional descubrió que solo hubo un amigo que lo animó y orientó, más de dos docenas lo desanimaron, y otros permanecieron neutrales. Cuando volvió al ministerio activo, se propuso aumentar el número de amigos de los que pudiera recibir ayuda positiva. ¿Qué clase de ayuda le proveen sus compañeros? ¿Necesita otras relaciones de compañerismo?

9. El ambiente de nuestro hogar, las actitudes de nuestro cónyuge e hijos, pueden darnos un ambiente con influencia negativa. Si es así, ¿qué pasos debemos dar para superar eso?

- Visitar a un pastor o consejero
- Hacer un pacto de oración con un amigo
- Comenzar una campaña para proveerle experiencias positivas a su cónyuge
- Confrontar con amor, en algún lugar neutral (restaurante, playa, parque), a la parte culpable.

CAPÍTULO 7

Las equivocaciones más costosas que la gente comete al edificar una actitud

1. ¿Qué fue lo más limitante o lo que le dio el más grande desafío cuando trató de romper la barrera que le separaba del entusiasmo?

2. ¿En qué áreas de su vida falla al no pasar la línea del nivel de entusiasmo?

   - En términos de esfuerzo físico
   - En términos de disciplina espiritual
   - En términos de experiencias familiares
   - En términos de riesgos de trabajo

   Establezca una meta en un área que le ayude a pasar ese nivel.

3. Describa una experiencia tan dolorosa que nunca se ha arriesgado a repetirla. Analice cómo podría pasar la barrera del dolor en un acontecimiento similar en el futuro.

CAPÍTULO 8

¡Socorro! ¡Socorro! ¡Mi actitud está perdiendo altura!

1. ¿Cuáles son las tres cosas que el autor quiere que recuerde «cuando las cosas se vuelven escabrosas»?

1.
2.
3.

2. ¿Hay mal tiempo? ¿Qué pensamiento clave puede llevarle adelante, según Gálatas 6.9?

3. ¿Cuál es nuestra «segunda fortaleza» cuando servimos al Señor según Hebreos 12.1–3?

4. ¿Encara una posible borrasca en su vida familiar o en su trabajo? ¿Qué puede hacer para evitarla? Use el siguiente criterio:

   a. ¿Carezco de la experiencia necesaria para sortear esta tormenta?
   b. ¿Carezco de la experiencia necesaria para navegar por la tormenta?
   c. ¿Carezco del tiempo para hacer los preparativos necesarios?
   d. ¿Carezco de los elementos para hacer una decisión adecuada?
   e. ¿Carezco de la oración suficiente para enfrentar la tormenta?

5. ¿Cómo podemos saber si no estamos en contacto con la «torre de control»?

6. «Lo que realmente importa es lo que sucede en nosotros, no lo que nos sucede a nosotros». ¿Está de acuerdo o no? ¿Por qué?

CAPÍTULO 9

Cuando nos estrellamos por dentro

1. El autor enumera los grandes fracasos de personas a las que ahora consideramos héroes, lo cual nos recuerda que el fracaso no necesariamente es mortal.

   a. Describa un fracaso en su vida que pensó que lo destruiría, pero que no lo hizo.
   b. Describa un fracaso que demostró, con el tiempo, ser un peldaño en el camino del éxito.

2. Si es realmente sincero, ¿cómo el temor al fracaso en un área específica, le impide progresar?

3. Comente la afirmación del autor: «Aceptar el fracaso en el sentido positivo es algo efectivo cuando se cree que el derecho a fracasar es tan importante como el derecho a triunfar» (página 70).

4. ¿Qué implicación tiene para usted la siguiente afirmación?: «Hasta que aceptemos que el futuro del mundo no depende de nuestras decisiones, no olvidaremos las equivocaciones pasadas. La actitud es el factor determinante respecto a si nuestros fracasos nos fortalecen o nos destruyen» (página 71).

5. ¿Cómo se relaciona con el asunto del temor y del fracaso, Juan 12.24, 25?

6. ¿Cuáles son las cuatro cosas que nos causa el desaliento?

1.

2.

3.

4.

7. Piense en una situación desalentadora de su vida. Ahora, aplique los cuatro pasos que el autor recomienda, describiendo cómo se ajustan a su situación.

a. Acción positiva:
b. Pensamiento positivo:
c. Ejemplo positivo:
d. Persistencia positiva:

8. ¿Cómo se relaciona con la lucha del apóstol Pablo descrita en Romanos 7.15–25? No tema ser franco y honesto.

CAPÍTULO 10

Cuando nos estrellamos por fuera

1. ¿Cuál considera que fue la crítica más traumática de alguien cercano a usted? Si aún la recuerda, analice si fue justificada o si ese fue el caso de: «el mejor fruto es el que los pájaros se comen».

2. Evalúe si esa crítica es, como en el caso de Jesús:

- Una oportunidad para consolar
- Una oportunidad para sanar
- Una oportunidad para vencer
- Una oportunidad para perdonar

3. ¿Qué podemos aprender de la enseñanza de Jesús en Mateo 5.43–48, considerando nuestra respuesta a la crítica?

4. Nombre un amigo que le anima cuando viene la crítica. Luego nombre una persona cuya crítica le es perjudicial.

5. ¿Cuáles con las implicaciones del comentario de Robert Louis Stevenson: «Nunca permitiré que una hilera de frascos de medicina bloquee mi horizonte» (página 87)? Enumere tres o cuatro «frascos de medicina» en su vida que amenazan con quitar sus ojos de la presencia de Jesús y de sus provisiones.

6. ¿Cuál es el cambio que potencialmente es fuente de incomodidad?

   • en su hogar:
   • en su iglesia:
   • en el trabajo:
   • en su comunidad:

7. Examine ese cambio y evalúelo a la luz del comentario del autor: «Teniendo la actitud adecuada, todo cambio, sea positivo o negativo, será una experiencia de aprendizaje que resultará en una experiencia de crecimiento» (página 88). ¿Cuál sería el componente de aprendizaje en ese cambio? ¿Cuál sería el componente de crecimiento?

8. En nuestros días, los medios de comunicación presentan casi exclusivamente las noticias negativas. ¿En

qué maneras podría esto hacerle entender lo que Dios podría hacer en el futuro? Traiga todo esto en oración delante del Señor para ser renovado, y enumere los pensamientos negativos que dominan su vida mientras ve o después de mirar las noticias de la televisión.

9. ¿Cómo limita nuestro potencial el pensamiento negativo? Si es posible, responda en términos de una situación específica en su vida hogareña, en la iglesia, en la comunidad o en el trabajo.

10. ¿Cuáles son algunos «imposibles» que ha alcanzado o ha visto que otros alcanzan?

CAPÍTULO II
Suba, suba y vuele lejos

1. ¿Cuáles son las buenas noticias para los que están prisioneros por sus malas actitudes?

2. ¿Qué excusas dan usted o un ser amado, por las malas actitudes?

3. Busque a un amigo que ore con usted y en el que tenga confianza, mientras se esfuerza en cambiar una actitud negativa.

CAPÍTULO 12

La decisión está en usted

¿Está listo para un verdadero cambio? Este es el capítulo de acción. Si ha seguido concienzudamente las sugerencias de la guía de estudio, ya estará bien encaminado. Nos concentraremos en áreas clave antes que en los pasos sugeridos por el autor, aunque insistimos en que dé cada paso que el proceso indica.

1. Trabaje en las Etapas de evaluación.

   a. Identifique los sentimientos problema:
   b. Identifique la conducta problema:
   c. Identifique el pensamiento problema:
   d. Identifique el pensamiento bíblico:
   e. Asegure el compromiso:
   f. Planifique y lleve a cabo su decisión:

2. Identifique el temor en su vida. Puede ser el temor al fracaso, el temor al cambio, el temor a la crítica. Si está en grupo, hable de los temores comunes que impiden el cambio e ilústrelos. Después de escribir estos temores, inicie la Fórmula de cuatro pasos para tratar el temor.

3. Subraye las palabras o frases negativas de la página 112. Cópielas como parte del proceso para eliminarlas de su vocabulario.

4. ¿Cuáles son las tres ocasiones en las que la gente es más receptiva al cambio?

1.
2.
3.

5. ¿Hay algún pecado, transgresión o abuso que sea como una cadena que le ata a su pasado? Lea el Salmo 51 y subraye las verdades clave más significativas para usted. Escriba qué acción planea tomar.

6. Compare sus patrones de pensamiento con Filipenses 4.8. Escriba cuál es el área que más atención necesita, si va a cambiar su patrón de pensamiento.

7. ¿Qué hábitos le describen mejor? Si se ajusta a la progresión de «Malos hábitos», siga los pasos de las páginas 118–119, en términos de un solo hábito.

8. Al comienzo de esta serie identificó una actitud negativa e inició el proceso de cambio, ¿en qué etapa se encuentra? (Refiérase a la página 119.) Si está en la Etapa Final, describa cómo retrocederá.

CAPÍTULO 13
Las oportunidades a su alrededor

1. ¿Son demasiado idealistas los requisitos para un amigo? ¿Puede alguien ser un verdadero amigo sin reunir todos los requisitos sugeridos?

2. ¿En qué sentido es verdadera o falsa la observación del autor respecto a los amigos de una pareja con problemas matrimoniales: «Al aconsejar a personas con problemas

matrimoniales, he observado que casi siempre los
amigos de la pareja tienen problemas matrimoniales
también» (página 162)?

3. Uno de los pasos a dar más difíciles para una persona
es reconocer que necesita un ejemplo, identificar ese
ejemplo, y pedir ser discipulado por él. Sin embargo,
se pueden hacer progresos sorprendentes tanto en
hombres como en mujeres que se someten a esa disciplina. Si es joven, no tema pedir a alguien mayor
que se reúna con usted con propósitos de discipulado, porque ese gustosamente le ayudará. Escriba las
cualidades que busca en un ejemplo que le ayuden a
cambiar su actitud.

4. Identifique un fracaso reciente. Ahora, vaya al ejemplo
del muchacho que perdió una mano (páginas 126–
127), evaluando que lo que le ha quedado es positivo.

5. ¿Cómo podemos ser receptivos a experiencias de
éxito? No se limite a su círculo inmediato de amigos.
Un pastor que se encargaba de una iglesia nueva en el
centro de una ciudad visitó a cinco pastores que diri-
gían iglesias grandes y exitosas. Pasó un fin de semana
con cada uno antes de comenzar su nuevo ministerio,
y trató de aprender del éxito de cada uno de ellos. No
se admiren que todavía sea pastor de una floreciente
iglesia, muchos años más tarde. Aprendió y cambió.
De manera que escoja a sus «triunfadores», haga una
lista de ellos, y ábrase a sus experiencias de éxito.

CAPÍTULO 14

El Dios sobre usted

1. ¿Por qué limitamos a Dios cuando consideramos cambios en nuestras vidas?

2. Describa sus sentimientos personales mientras lee las dos afirmaciones fundamentales. ¿Ha podido decirlas sin sentimientos de duda?

3. Diga por qué debe afirmar lo siguiente con confianza:

   a. «Me siento verdaderamente importante».
   b. «Me siento verdaderamente seguro».

4. El autor le ha dado algunos pasajes tranquilizadores de las Escrituras, pero son de mayor valor los que usted mismo descubra. Utilizando una concordancia, busque la palabra «poder» en las cartas de Pablo. Subraye esos versículos en su Biblia. Cópielos en una tarjeta de 3 x 5 para recordar que el poder de Cristo está disponible para usted.

5. Si la oración es tan importante para cambiar, ¿qué es lo que hace por usted que sea realmente único?

6. ¿Cómo podemos apropiarnos del poder del Espíritu Santo, ya que Él es el verdadero «Agente de cambio»?

Acerca del autor

John C. Maxwell es un experto en liderazgo reconocido a nivel internacional, orador y autor que ha vendido más de 22 millones de libros. El doctor Maxwell es el fundador de la John Maxwell Company, el John Maxwell Team y EQUIP, organizaciones que han capacitado a más de 5 millones de líderes en 185 países. Anualmente habla a diversas compañías de las listas Fortune 500 y 100, líderes de gobiernos internacionales y organizaciones tales como la Academia Militar de Estados Unidos en West Point, la Liga Nacional de Fútbol Americano y las Naciones Unidas. Un autor de gran éxito de ventas del *New York Times, Wall Street Journal* y *Business Week*, el libro de Maxwell, *Las 21 leyes irrefutables del liderazgo*, ha vendido más de 2 millones de ejemplares en inglés. *Desarrolle el líder que está en usted* y *Las 21 cualidades indispensables de un líder* han vendido cada uno más de un millón de ejemplares en inglés. Puede seguirlo en Twitter @JohnCMaxwell y leer su blog en JohnMaxwellOnLeadership.com.

CPSIA information can be obtained at www.ICGtesting.com
Printed in the USA
LVOW06s1412241214

420217LV00004B/12/P